Asencio M. Mancilla

Sueños Y Desafíos

Asencio M. Mancilla

Sueños Y Desafíos

La Historia de la iglesia Roca Fuerte de Cancún, Quintan ROO cómo romper paradigmas cómo conocer la voluntad de Dios

CREDO EDICIONES

Cover image: www.ingimage.com

Publisher:
CREDO EDICIONES
is a trademark of
International Book Market Service Ltd., member of OmniScriptum Publishing Group
17 Meldrum Street, Beau Bassin 71504, Mauritius

Printed at: see last page
ISBN: 978-613-1-99252-0

Asencio M. Mancilla

SUEÑOS Y DESAFÍOS

La Historia de la Iglesia Roca Fuerte de Cancún, Q. Roo.

Contenido

El texto de la Biblia usado en este material viene de la Biblia Reina Valera Revisión de 1960

DEDICATORIA

Dedico con amor las páginas de este libro y el resto de mis años a mis queridos hijos Samuel Ascencio, Amalia Esther y Norman Daniel.

A mis nietos: Esther, Samuel David, Elizabet, Mayte Cristel, Paulina Michel, Daniel y Aarón.
Con mi oración de que este libro les ayude a confiar en las promesas fieles de Dios, para fortaleza, ánimo, consuelo y bendición, solo de esa manera podremos vivir.

PRÓLOGO

Es un honor para mí escribir este prólogo al libro escrito por el Pastor Asencio Morales Mancilla. Es un siervo fiel a Dios, totalmente dedicado a su servicio. He trabajado con él por más de treinta años en varios aspectos de su ministerio, incluyendo todo el proceso del establecimiento de la Iglesia Roca Fuerte. Fue un privilegio para mí poder observar su dedicación al participar con el grupo pequeño en los primeros cultos en lugares rentados, después bajo la carpa, y por fin, en el templo actual. Doy gracias a Dios por su dedicación al desarrollo espiritual de dicha iglesia, y también por su trabajo duro durante toda la construcción del templo actual.

La historia de la Iglesia Roca Fuerte es evidencia de la bendición de Dios en todo el proceso de su desarrollo. Al leer este libro se notará cómo el Pastor Mancilla y los líderes y todos los miembros fueron guiados por el Espíritu Santo en cada paso de su desarrollo. Empezando con un grupo pequeño sin lugar dónde reunirse, algunos se fueron, desanimados, pero el grupo pequeño creció, cambiándose de un local rentado a otro, hasta que se sentía la necesidad de buscar propiedad para construir un templo dónde reunirse. Guiado por el Espíritu Santo, encontraron un pedazo de terreno en un lugar casi abandonado, que a muchos parecía inútil. Pero Dios les dio una visión de las posibilidades para construir allí su templo. Y así empezó la historia del proceso de la construcción del templo, pero, más importante, del crecimiento, tanto espiritual como en número, de los miembros de la Iglesia Roca Fuerte.

Lea este libro con detenimiento, estoy segura que será un aporte muy importante al desarrollo de su fe. No dudo que será de bendición y edificación. El Pastor mancilla siempre ha sido un compañero de ministerio, un colaborador fiel, un predicador de la Palabra de Dios, un hermano en la fe de gran apoyo.

Así que estoy segura de que su libro es una más de las bendiciones que Dios ha propuesto darnos. Dios continuará bendiciendo y guiando al Pastor Mancilla, y a los líderes y miembros de Roca Fuerte, y que ellos seguirán siendo una bendición en Cancún y en el mundo.

Dra. Victoria Gritter

PRÓLOGO A LA SEGUNDA EDICIÓN

Anímate y esfuérzate y manos a la obra... 1Cronicas 28:20

Es lo que siempre tengo en la mente cuando pienso en mi Pastor y Padre espiritual, Presbítero Asencio M. Mancilla. Un siervo valiente, esforzado y temeroso de Dios. Todos tenemos un propósito en nuestra vida de acuerdo a la voluntad de Dios, y nosotros, los hijos de Dios sabemos que la voluntad de Dios es buena, agradable y perfecta.

Esto me lleva a recordar como el Espíritu Santo y la oración, me guio por su misericordia y gran amor a una pequeña palapa en el centro de Cancún. Al llegar a Cancún, por consejo de mi pastor Rene Zapata, Pastor de misiones de la Iglesia Bíblica "Torre fuerte" de Puebla, no debía abandonar mi crecimiento espiritual.
"Roca Fuerte" decía el anuncio a la entrada. Pensé, bueno de Torre fuerte a Roca fuerte, seguimos hablando de fortaleza, ¿y dónde está el templo? Pude ver desde la entrada, a un pequeño grupo en una palapa, así que ya estaba ahí, solo tuve que dar unos pasos más para ser recibido con una cálida bienvenida en medio de un estudio bíblico impartido por el Pastor Mancilla, al escuchar la palabra del Señor y cantar himnos con los hermanos y hermana Esther Bárcenas, esposa del pastor en el piano, fue como llegar a casa y recibir con ternura los abrazos y palabras que llenaron mi corazón de gozo y confirmaban que Dios no se equivocaba al enviarme allí.

Agradezco al Dios Soberano y eterno que en su bondad infinita suplió mis necesidades espirituales y emocionales a través de su siervo fiel y diligente en la enseñanza de su palabra. ¡Sea bendito y alabado el nombre del Dios de Israel eternamente y para siempre!

El año 2005, fue difícil, ya que al paso del huracán "Wuilma" todos debíamos confirmar los propósitos del Señor y hacia donde Dios dirigiría a su amada Iglesia. Fue entonces que el Señor envió a hermanos y hermanas y personas, para que dejáramos de rentar y adquirir un terreno propio e iniciar con todo el proceso de crecimiento material y espiritual del cuerpo de Cristo. Fue una gran bendición estar en medio de este proceso de desarrollo, en donde el Santo, daría inicio a moldear el carácter de sus hijos. Dios nos motivó por medio de su Espíritu Santo a seguir adelante en medio de la carencia de recursos, sin embargo, teníamos nuestra Fe firme para dar el siguiente paso.

Dios nos anima a hacer las cosas por su voluntad, fue así como cada actividad que realizábamos era para dar honra y gloria a nuestro Dios, que es el Rey de Reyes y Señor de señores. Recordando que todo lo que hacemos, es de corazón para el Señor, y no para los hombres.
Esto me hace recordad como el pueblo de Israel tuvo que pasar por un desierto, muchos se quedaron sin poder llegar a la tierra prometida, fue así como sucedió con nosotros, muchos se quedaron en el camino, otros miraron de lejos lo que Dios tenía para nosotros y pocos podemos ver ahora la gran bendición de tener un espacio, casa de oración, lugar de adoración, Templo dedicado y consagrado a nuestro Dios. Ahora podemos decir, Eben - ezer, hasta aquí nos ha ayudado Jehová

Es así, como cada vez que asisto a la amada iglesia "Roca Fuerte", mi corazón reboza de alegría recordando que todavía todos tenemos un largo camino por recorrer, Dios seguirá supliendo las necesidades de su pueblo.

Aunque ahora ya no puedo escuchar el canto de nuestra hermana Esther, dejó una herencia hermosa en mi vida, la de seguir alabando a nuestro Dios con todo mi corazón, fue su ejemplo lo que me motivo a aprender a tocar un instrumento, es Dios, que por medio de su gracia nos permite seguirle honrando.
Al leer este libro, amado santo de Dios, encontrara una gran bendición y consejos prácticos que le serán de gran ayuda. No solamente por la experiencia de haber superado la prueba sino de seguir, creyendo, creciendo y fortaleciendo la fe.
Nuevos proyectos, nuevas aventuras están por suceder, Este libro, es una más de las bendiciones que Dios da y seguirá dando para edificación de los creyentes y crecimiento de cada uno de sus hijos.

Dios seguirá guiando a Roca fuerte hasta cumplir el propósito para el cual Dios la ha establecido, Dios bendiga a nuestro pastor Mancilla, a los ancianos, diáconos, líderes, servidores y a mis amadas hermanas en Cristo que siguen diligentes en la obra y ministerios de nuestro padre celestial, ustedes siguen dando un testimonio de fe, fortaleza y esperanza en un mundo cambiante y a la deriva, donde se necesitan héroes y heroínas reales.

Su hermano en Cristo
Arq. Y Profesor Lamberto Morales Neri.

P R E F A C I O

Muchas veces Dios nos pone grandes sueños en el corazón, y todo lo que sucede es que nuestros logros son limitados debido a nuestra manera tan pequeña de pensar y nuestras bajas expectativas o porque permitimos que los demás determinen quiénes somos, y no alcanzamos el propósito por el cual fuimos llamados por Dios. Para eliminar esas limitaciones y alcanzar el sueño que Dios ha puesto en nuestra vida, necesitamos una nueva forma de pensar, y tener la perspectiva de Dios. Si queremos ver milagros, tenemos que tener la perspectiva de Dios.

Esto es lo que quería el salmista David cuando oró: "Señor, llévame a la roca que es más alta que yo" (Salmo 61:2) ¿Por qué oró David? Oró pidiéndole a Dios que le diera una perspectiva nueva; que lo llevara a un lugar más alto, desde donde pudiera ver las cosas desde la perspectiva de Dios. Si se asocia con Dios para llevar su ministerio, su negocio o su familia a un nivel más alto, y le va a dar la perspectiva de Dios en cuanto a cómo tener victoria, salir adelante, vencer obstáculos, hacer crecer su ministerio, y lo más importante de todo, cómo fortalecer a las personas a la manera de Dios, con inspiración y esperanza, y final mente lograr su sueño.

Aunque usted no lo crea, cuando decidí establecer la Iglesia Roca Fuerte y construir el templo por órdenes del Señor, muchas personas nos dejaron, otros vaticinaron que no teníamos futuro, que el lugar era inhóspito, puro monte, que no lo lograríamos, que era mucho dinero, las pocas personas que quedaron, les pregunte un domingo en el culto: ¿Vamos a permitir que los demás determinen quiénes somos, o vamos a tratar de alcanzar el propósito de Dios para nosotros?

Uno de los primeros obstáculos que enfrentamos fue tener una actitud que impedía que nos con vertiéramos en las personas que Dios quería que fuéramos, Les pedí un cambió de actitud mental, les rete, les pedí que vieran las cosas desde el punto de vista de Dios, y les ayude a descubrir para que fueron salvos y puestos en Roca Fuerte. Dejar de ver las cosas desde el punto de vista de los demás y verlas desde el punto de vista de Dios.

La gente de Dios tiene muy poco interés en la forma en que los demás ven las circunstancias, les interesa saber lo que Dios piensa con respecto a ellas. Para salir adelante, para ser victoriosos, tenemos que pensar de una manera ajena a lo convencional y creer que lo imposible se puede volver posible. Pregunté a la iglesia:

¿Qué diría Dios? ¿Cómo respondería Dios ante esta situación? Las grandes montañas de obstáculos, no se mueven porque se lógico que lo hagan, sino porque alguien ha decidido creer. Dios desafía lo lógico y nos ponen en posición de hacer algo que a nadie se le había ocurrido. Hemos sido llamados a pensar de una manera diferente, y a ver el mundo desde la perspectiva de Dios.

La gente de Dios aleja su mentalidad de los pensamientos, sentimiento y de la manera convencional de pensar, para acercarla a gente dirigida por la fe. Dejen de apoyarse en sus ideas, y comiencen a seguir las ideas de Dios. Las ideas de Dios están libres de limitaciones que la vida nos ha llevado a creer. La gente de Dios debe hablar, creer y decir "Todo lo puede en Cristo que me fortalece" (Filipenses 4:13) "Soy más que vencedor" (Romanos 8:37); "soy cabeza y no cola" (Deuteronomio 28:13) "Estoy bendecido y no maldecido" (Gálatas 3:9) La mayor lección que aprendí en esta experiencia fue que Dios no tiene nada de convencional. Él puede tomar una iglesia que comenzó en una palapa, después en una carpa de circo, y después de 10 años trasladarla a un edificio, Templo hermoso, amplio, nuevo, Dios hizo realidad el sueño, aunque para muchos parecía imposible. Recuerda *"en Dios haremos proezas"* (Salmo 60:12) ¿se limita a sí mismo con las ideas humanas, corrientes, o desafía la lógica con las Palabras de Dios?

Tengo la esperanza de que al leer este libro comience a ver su ministerio, o su organización, o su negocio, o su familia, desde la perspectiva de Dios. Va a descubrir que la clave del éxito no se encuentra en un paradigma de liderazgo, o en un conjunto de habilidades, sino en ver las cosas desde la perspectiva de Dios. ¿Cómo puede alguien llegar a tener la perspectiva de Dios? ¿Cómo puedo saltar el muro de circunstancias difíciles y problemas? Me alegra que se pregunte.

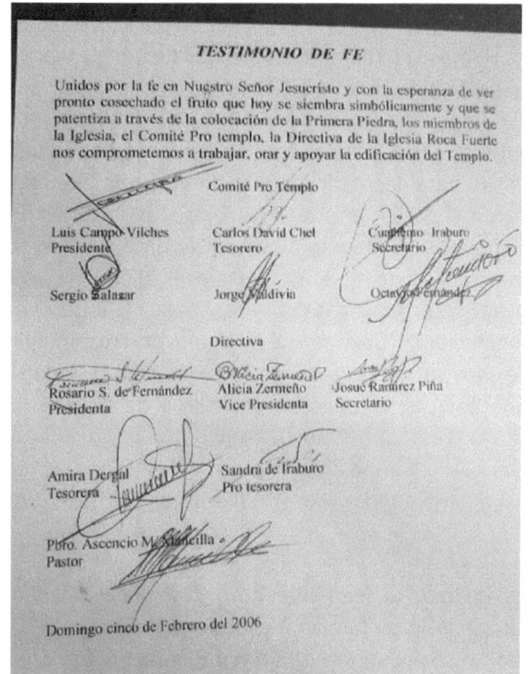

TESTIMONIO DE FE

Unidos por la fe en Nuestro Señor Jesucristo y con la esperanza de ver pronto cosechado el fruto que hoy se siembra simbólicamente y que se patentiza a través de la colocación de la Primera Piedra, los miembros de la Iglesia, el Comité Pro templo, la Directiva de la Iglesia Roca Fuerte nos comprometemos a trabajar, orar y apoyar la edificación del Templo.

Comité Pro Templo

Luis Campo Vilches
Presidente

Carlos David Chel
Tesorero

Cuahtemo Iraburo
Secretario

Sergio Salazar

Jorge Valdivia

Octavio Fernández

Directiva

Rosario S. de Fernández
Presidenta

Alicia Zermeño
Vice Presidenta

Josué Ramírez Piña
Secretario

Amira Dergal
Tesorera

Sandra de Iraburo
Pro tesorera

Pbro. Ascencio M. Mancilla
Pastor

Domingo cinco de Febrero del 2006

INTRODUCCIÓN

El propósito de este libro es glorificar a Dios, que Su reino avance y que este libro les ayude a confiar en las promesas fieles de Dios, para fortaleza, ánimo, consuelo y bendición, solo de esa manera podremos vivir con paz y gozo. Dios es nuestra "ayuda permanente" Este libro relata como Dios me ayudó. Es escrito por un humano, de manera que recuerde separar el trigo de la paja.

Muchas veces me pregunté si debía publicar este libro. Un día durante mi devocional leí el Salmo 26:7 "Para exclamar con voz de acción de gracias, y para contar todas tus maravillas". Por lo que quiero compartir con usted algunas de las obras maravillosas que Dios ha hecho en mi vida como pastor.

Solo a Dios el crédito y la gloria por lo que me ha enseñado y como me ha usado. Son sus maravillas no las mías. No he querido publicar un libro que en alguna manera destaque mi vida, por eso dudaba en publicar un libro que pareciera promoverme a mí mismo. Dios me convenció por medio de este versículo que en este libro debía declarar sus obras maravillosas. El Salmo 26:12 dice: "En las congregaciones bendeciré a Jehová".

Si pudiéramos resumir en una palabra la historia de la Iglesia y Construcción del templo Roca Fuerte en Cancún, esta tendría que ser la palabra **"Osadía",** (O sea Atrevimiento, enfrentar sin miedo y con entereza una situación difícil, insólita, con coraje, valentía y valor)

La abundancia de aquel entonces fue: ***pasión y carencia***. La pasión se convirtió en una fuerza que nos llevaba a ir más allá de nuestras fuerzas y la abundante carencia de todo, fue lo que nos hizo depender absolutamente del proveedor por excelencia: Dios. Él nos había dicho a través de Su Palabra: "Anímate y esfuérzate, y manos a la obra; no temas, ni desmayes, porque Jehová Dios, mi Dios, estará contigo; él no te dejará ni te desamparará, hasta que acabes toda la obra para el servicio de la casa de Jehová" (1ro de Crónicas 28:20)

Aunque usted no lo crea, cuando decidí establecer la Iglesia Roca Fuerte y empezar a construir este templo por órdenes del Señor me dejó gente, gente que en ese momento no tenía mente renovada, no puedo decir que haya sido por intenciones malas, pero esta era la escritura que venía siempre a mi mente y que muchas veces fui a la iglesia para repetírselas "Anímate y esfuérzate, y manos a la obra; no temas, ni desmayes, porque Jehová Dios, mi Dios, estará contigo; él no te dejará ni te desamparará, hasta que acabes toda la obra para el servicio de la casa de Jehová" (1ro de Crónicas 28:20) este templo se construyó porque fue la voluntad de Dios. Una noche en sueños él Señor se me apareció y me dijo construye el templo y establece la iglesia, y desapareció, me pregunté y le pregunté al Señor: ¿cómo construirlo? porque no teníamos dinero, ni gente, pero esa fue la orden.

Cuando hablaba con los Ancianos de Iglesia, con los diáconos y tesorero, mirábamos con qué dinero contábamos, con mucha frecuencia lloramos y oramos, el tesorero me decía no hay dinero pastor, era allí cuando la abundancia de la carencia, que ha sido una constante en Roca Fuerte, se muestra la provisión de Dios que se manifiesta de manera inexplicable y de manera milagroso, siempre vimos la respuesta de Dios a la oración de fe. Dios es nuestra "ayuda permanente".

Es muy probable que Dios nos quiso mantener sin dinero, porque Él quiso que tuviéramos algo mucho mejor que el dinero suficiente, una dependencia absoluta de Él, para que Él tenga la oportunidad de suplir las necesidades diarias sacadas de un tesoro oculto. Debemos depender de Dios por fe.

Oseas 13:6 "Les di de comer, y quedaron saciados, y una vez satisfechos, se volvieron arrogantes y se olvidaros de mi". Es fácil olvidar a Dios y ser complacientes en nuestras vidas, y eso es lo que les pasó a los israelitas. Tenían que depender de Dios mientras estaban en el desierto; pero cuando Dios les dijo que entrarían a la tierra prometida, les dio una advertencia y les dijo que tuvieran cuidado que cuando entraran a la tierra prometida tendrían tanto que podían olvidarlo.

En otras palabras, podían perder el sentido de dependencia en Él, a nosotros puede pasar lo mismo, la iglesia puede hacer lo mismo. Una iglesia puede comenzar con grandes actos de fe, grandes pasos de fe en los pequeños comienzos. Y a veces cuando la iglesia crece y obtiene un lindo templo. Quizá piensen que no tiene que depender de Dios tanto como al principio cuando las cosas eran muy difíciles. Es posible perder la visión original.

Por lo que invito al lector a meditar en su propio llamado, a ver este testimonio como un seminario cuya visión es motivar al creyente con llamado de Dios al servicio y apoyar el avance del reino de Dios en la tierra. Si Dios le guía, tiene que seguir la guía de Dios y debe obedecer y estar dispuesto aun a morir.

Por lo que quiero compartir con usted algunas de las obras maravillosas que Dios ha hecho en mi vida como pastor. Recuerde que dije antes que son sus maravillas no las mías, sino las de Dios. ¡A Dios sea la gloria!

AGRADECIMIENTO

Le doy gracias a Dios por Su fiel cumplimiento a Sus promesas, para fortalecerme, darme ánimo, consuelo, guía, bendición y suplir cada necesidad, fielmente cumplió Filipenses 4:19 "Mi Dios, suplió todo lo que faltaba conforme a sus riquezas en gloria en Cristo Jesús".

Doy gracias a mi esposa Esther que ya está en la presencia del Señor, sin embargo, su obra continúa perpetuándose, gracias por todo su apoyo y su ayuda. Gracias por ser la madre de nuestros hijos y educarlos en los caminos de Dios. Gracias por administrar nuestro hogar. Gracias por haber sido mi amada esposa por cincuenta años y compañera de Ministerio.

Samuel Ascencio, Amalia Esther y Norman Daniel, gracias por llenar mi vida de alegría, orgullo, amor y tantas cosas más. Gracias por su amor y paciencia. Los amo profundamente. Con mi oración de que este libro les ayude a confiar en las promesas fieles de Dios, para fortaleza, ánimo, consuelo y bendición.

Gracias a la hermana Sara Anzures, que administro el bazar, artículos usados que promoví para recaudar dinero, entre hermanos de la Iglesia, amigos, y conocidos, para las diferentes etapas de necesidad por las que hemos pasada hasta llegar a la dedicación y consagración del tempo al Señor nuestro Dios la hermana Sarita, cada semana tenía algo para suplir alguna necesidad.

También reconozco con profunda gratitud el apoyo de mi hermana en Cristo y consierva en la obra del Señor, la Dra. Victoria Gritter de la Iglesia Hillside Community Church, de Grand Rapids Michigan, en los últimos 25 años. Hemos aprendido juntos los beneficios de confiar en las promesas de la Palabra de Dios y amarnos unos a otros formando parte de un equipo mientras vivimos y servimos en el Reino de Dios.

Agradezco a la Iglesia Hillside Community Church, de Grand Rapids Michigan, por haber apoyado con ofrendas de amor para la compra de materiales de construcción y grupos de trabajo para ayudar a construir el templo Roca Fuerte en Cancún, Q. ROO

Agradezco al Rev. Thomas P Shorb, pastor de Calvary Bible Fellowship Church, su apoyo con un grupo de trabajo y compra para los materiales de construcción.

Mi agradecimiento al hermano en Cristo Tor Jensen, su apoyo y ofrenda de amor con un grupo de damas de Marschallton United Methodist Church, quienes limpiaron de oxido las varillas de acero, aplicaron removedor de oxido y pintaron de anticorrosivo

Gracias Al Rev. Richard Armstrong y a la iglesia Worship Center Global Ministries, de Landcaster, Pensivania.

Agradezco al Rev. Clarence Bassett y a su esposa Catherine (Catita) su apoyo, oración y ofrendas de amor para apoyar la construcción del templo Roca Fuerte.

A causa de la inmensidad de este proyecto, estoy seguro de que omití algunos nombres de algunas personas que ayudaron. Lamento esto; sin embargo, agradezco a todos por hacer suya la visión, gracias por su interés, gracias por su entrega y gracias por sus acciones manifestadas en ofrendas, trabajo físico, y gracias a quienes nos animaron a seguir adelante en los momentos más difíciles y duros. Gracias por sus oraciones, fidelidad y constancia que hicieron posibles que Roca Fuerte siga adelante y hoy con 26 ministerios, que estás sirviendo semana a semana al Señor. Por último, nada ha sido tan valioso en mis experiencias vividas para ayudar al desarrollo de líderes de la iglesia y la construcción del templo de la Iglesia Roca Fuerte.

COMPROMISO CON LA HISTORIA

La Iglesia Cristiana Evangélica Roca Fuerte en Cancún, Q. ROO rompió con el paradigma, somos una ecuación de Dios en donde dos más dos no da cuatro, somos todo aquello que representa un proyecto sin futuro, una locura de un grupo de hombres y mujeres de fe que desafiaron la tradición y las estructuras eclesiales con paradigmas obsoletos; pero también éramos una nueva generación que Dios estaba levantando para reeducar a una iglesia que en los inicios era considerada como un grupito de creyentes ignorantes, muchos vaticinaron que no teníamos futuro. Contra esta corriente tuvimos que nadar. Cuando decidimos construir el templo y establecer la iglesia Roca fuerte, se vino contra nosotros una avalancha de críticas porque las estructuras mentales de esa época honraban el Statu Quo.

Nosotros fuimos y seguimos siendo personas convencidas de que nacimos para romper paradigmas, nos rehusamos a creer que no podemos, nos negamos a creer que somos incapaces, por lo tanto, decidimos desafiar el statu quo y plantar una iglesia Evangélica Cristiana en el centro de Cancún, como testimonio de fe y oración y para la gloria de Dios. Por eso no con jugamos el pretérito imperfecto de modo subjuntivo: si lo hubiéramos hecho no estaríamos aquí hoy. Conjugamos el pretérito perfecto del modo indicativo, lo hicimos y no nos lamentamos sino que celebramos el haberlo hecho, hemos visto como la vida de muchas personas han sido cambiadas y otras muchas ahora sirven en diferentes ministerios porque un grupo de creyentes decidieron creerle a Aquel que hizo el cielo y la tierra y contra natura actuaron, por eso y por mucho más, damos gracias a Dios y establecimos un ejemplo a las nuevas generaciones de Valentía para las tareas difíciles que Dios nos pide que hagamos.

UN SUEÑO Y UNA REALIDAD

A.- El Comienzo de un Sueño

Usualmente, todo comienza evocando imágenes del futuro, es decir, todo comienza con una visión. En el caso de la Iglesia Roca Fuerte, todo comienza sin saber que estaba pasando ni como Dios estaba tratando con nuestras vidas, no había visión ni idea de adónde íbamos, las cosas siguieron así por un año, Dios fue corriendo el telón para que pudiéramos ver por donde El nos estaba dirigiendo. En el transcurso de dos años fuimos descubriendo la visión y el propósito de Dios y hoy entendemos los acontecimientos en toda su dimensión y podemos decir: ¡Oh **PROFUNDIDAD** de las riquezas de la sabiduría y de la ciencia de Dios! ¡Cuán insondables son sus juicios, e inescrutables sus caminos! (Romanos 11:33)

En este capítulo **presento cinco aspectos muy importantes:** 1).-El Comienzo del Ministerio Roca Fuerte, 2).- La creación del centro de estudios bíblicos para el desarrollo del líderazgo, 3).- la organización de ministerios, 4).- relato de la fundación de la Iglesia y 5).- construcción de su templo Roca Fuerte, que de manera inverosímil hicimos algo parecido a sembrar una semilla de mostaza en un gran predio. Empieza como una semilla que echa raíz en el alma y corazón de unos pocos y que crece con una pasión insaciable e innegable para conectarse con la visión de Dios para la vida. Es una visión inspiradora, impredecible, dinámica y satisfactoria.

1.- Todo comienza un domingo 24 de Septiembre de año 2004, a las doce del día, en un salón de un hotel de la avenida Bonampak, en la ciudad de Cancún, Quintana Roo, estudiamos en Josué 1:1 titule el mensaje: "Levántate y sigue adelante" la pregunta de ese día fue: ¿qué debemos hacer para levantarnos? Otra vez, recibí la iluminación del Espíritu de Dios que claramente me indico: Tres cosas principalmente. a) No temer, b) No desmayar. c) Reunir hombres y mujeres de compromiso, de fe, y de convicción. Así lo hice. Las reuniones se prolongaron por dos meses, nos reuníamos todos los domingos a las 9:30 de la mañana hasta 12:30 Hrs. para mi sorpresa. Un domingo nos avisó el gerente del hotel que era el último domingo que nos rentaban el lugar, nos sorprendió, tratamos de convencerlo que nos siguiera rentándonos el lujar, fue inútil, y el lunes siguiente empezamos a buscar un nuevo lugar, Dios nos proveyó una palabra en la calle en el centro de la ciudad de Cancún, con muchas dificultades nos reunimos por espacio de ocho meses, para mi sorpresa el grupo creció, entonces nos sorprendió el huracán Wuilma, destruyo la palapa que nos serbia de lugar de reunión, para ello, en la providencia de Dios, ya estábamos pagando el terreno que ocupa hoy el templo.

Decidimos pasarnos al terreno, el hermano en Cristo Luis Campo, Dios lo usa como instrumento, compramos una *carpa,* que sirvió como lugar de reunión, tres carpas más para salones de clases para niños, el hermano, Armando Pérez, y un servidor, trabajamos incansablemente hasta dejar listo el lugar para ser usado para las reuniones y diferentes estudios bíblicos que mi esposa Esther, ya venía celebrando de martes a viernes por la mañana. Naciendo así el ministerio prioridades de la mujer cristiana, que sigue siendo de gran ayuda y bendición para muchas mujeres.

No vaya a pensar usted que esas carpas reunían las condiciones pedagógicas para dar clases, el grupo más numeroso se reunía en la carpa grande, y los niños y niñas en las carpas más pequeñas, en verano el calor era muy fuerte, en tiempo de lluvia, entraba el agua. En esas condiciones empezó Roca Fuerte, en esas condiciones predique, en esas condiciones enseñe a los primeros creyentes y a los primeros líderes de la iglesia.

Simultáneamente los hermanos Daniel Chuc, Armando Pérez, David Chuc, y un servidor, así como jóvenes de la Casa Hogar para niños y jóvenes Esperanza: Santiago López Valenzuela, Manuel Carrillo Uicab, Pedro Estrada Cordero, Juan Carlos Estrada Cordero, Asunción López Valenzuela, limpiábamos el terreno donde doy está construido el templo. Ah, por cualquier duda que tenga, no percibamos ningún salario, ni siquiera para pagar el autobús.

Por eso cuando leo al apóstol Pablo preguntando ¿Quién fue soldado a sus propias expensas? Contesto: Armando Pérez, Daniel Chuc, Santiago López Valenzuela, Manuel Carrillo Uicab (jóvenes de casa hogar Esperanza) y yo. ¿Quién ordeñó una oveja y no tomó de su leche? Armando Pérez, Santiago, Manuel y yo. Sí el obrero es digno de su salario y él Señor que no es injusto, nos lo ha dado y con creces.

Por otra parte, nos reuníamos el hermano Luis Campo, Jorge Valdivia, Octavio Fernández, Marco Rico, y el hermano Sergio Salazar y yo con el arquitecto para empezar a estudiar anteproyectos de lo que sería el templo. Solo la gracia de Dios operando en un grupo de hombres y mujeres con la confianza en la ayuda de Dios logró hacer posible algo que suena inverosímil.

2.- Solos no podemos, empezamos a clamar en oración que Dios nos enviara ayuda.

Un día el hermano Doug y su esposa Debbie DeKam, de la Iglesia Hillside Community Church, de Grand Rapids Michigan, llegaron con planes de servir y ayudar a establecer la iglesia Roca Fuerte, la hermana Debbie empezó la escuela de música y un ministerio de alabanza, muchos aprendieron a tocar diferentes instrumentos, y alabar al Señor con ellos en los cultos de Alabanza y Adoración. También la hermana victoria Gritter, se solarizó con el proyecto de la nueva iglesia Roca Fuerte preparando maestros y maestras para la escuela dominical.

LA OSADIA

Desde la perspectiva humana este proyecto estaba condenado al fracaso aun antes de comenzarlo. Nadie lo creía, excepto yo. Y yo solo no podía con este proyecto y algunas gentes muy bien intencionados, pero hasta allí, aunque usted no lo crea, cuando decidí empezar a construir el Templo Roca Fuere por órdenes del Señor Jesucristo, nos dejó gente, porque les parecía algo imposible. No puedo decir que haya sido por intenciones malas, pero esta era la escritura que venía siempre a mi mente: "No te dejaré y no te desampararé hasta que acabe toda la obra" (1ro. Crónicas 28:20) Y otra vez recibí la iluminación del Espíritu Santo que claramente me indicó que siguiera estableciendo la iglesia y construyendo el templo.

Es difícil ser pastor y tomar este tipo de decisiones, pero si le hubiera hecho caso a la gente, muchos de los que hoy están, no estarían hoy aquí. El Templo Roca Fuerte se construyó por la gracia y la provisión de Dios.

Colocación de la primera piedra para la construcción del templo, fue el domingo 5 de febrero del año 2006, a las 12 del día. Con un emotivo culto donde oramos porque Dios nos ayudara, guiara y supliera todo lo necesario. La decisión fue tomada firmemente.
Después del culto, al llegar a casa me vino una preocupación y temor de no poder terminarlo, esa noche ore intensamente al Señor, y trate de dormir, esa noche se me apareció la silueta del Señor Jesucristo y me dijo: "Ve y construye" y se desapareció. El asunto no está en el método, sino en las personas. La Iglesia Roca Fuerte no existiera hoy si no hubiéramos tenido la audacia en él Señor Jesucristo de haber hecho algo que va contra la lógica. Así son las cosas que hace Dios y así usa Dios personas que no sabían de lo que eran capaces.

Recurrimos a la oración y a la Palabra de Dios, y Él nos dio valentía y determinación en que debíamos construir y queríamos hacerlo; Si Dios quería que construyéramos, Él era perfectamente capaz de financiar la construcción. Por lo tanto, construimos por etapas, porque ningún hombre sabio construye sin calcular los gastos, de modo que calculamos los gastos. (Lucas 14:28) habla de calcular los gastos antes de edificar una torre. Eso no significa que tiene que tener todo el dinero disponible. El contexto es "¿estás dispuesto a llegar hasta el final no importa lo que cueste?" (es decir compromiso y determinación).

Dios estaba aumentando nuestra fe; Él es Jehová Jireh. ¡el Dios que provee! Él proveyó y sigue proveyendo de manera que nunca soñamos. "Clama a mí y yo te responderé, y te enseñaré cosas grandes y ocultas que tú no conoces" (Jeremías 33:3) Probablemente podría escribir otro libro de cómo Dios suplió para construir el Templo de Roca Fuerte. Era un tiempo para trabajar juntos.

Llegamos a muchos momentos en la construcción en que lo habíamos dado todo, no era un grupo muy grande; Ninguno era millonario. Un domingo por ejemplo estábamos en el servicio de adoración orando y diciendo: Dios, no tenemos dinero y es tu proyecto, y aquí está la necesidad. Dejamos esto en tus manos.

Después del culto una persona me entregó un sobre que contenía lo suficiente y algo más para la semana. No hace falta decir que nos regocijamos en el Señor por la contestación inmediata a nuestra oración. Dios había llenado la necesidad desde antes. "el Señor es mi pastor, nada me faltará" (Salmo 23:1) Esto muestra que Dios se encarga de financiar sus programas y sus proyectos. Si Dios está dentro de algo. Él lo financiará; puede ser en el último momento, (muchas veces así fue) esto fue de último minuto; estábamos a punto de hacer un alto a la construcción.

Gracias al Señor al llegar el lunes estábamos de regreso como siempre trabajando porque teníamos más dinero para los materiales y pago de mano de obra y seguimos adelante. Nuestro Dios es capaz; nuestro Dios es dueño del oro y la plata. "Dios suplirá todo lo que os falta conforme a sus riquezas en gloria" (Filipenses 4:19) ¡Sí, tenemos un Dios rico! Sé que Dios honra la fe; fe no es presumir delante de Él diciendo en su propia mente lo que quieres y esperar que Dios intervenga.

Fe es descubrir la voluntad de Dios y confiar que Él hará. En nuestro caso era construir un edificio, lo que significaba que debíamos confiar en Su provisión. El mismo Dios que nos guía a llevar adelante un proyecto nos llevará a través de él. "Estoy convencido de esto, el que comenzó tan buena obra, la perfeccionará hasta el día de Cristo Jesús". (Filipenses 1:6) Dios bendijo a los hermanos de muchas maneras. Algunos dieron mucho, otros dieron poco y otros tal vez nada; pero en todo Dios recibió la gloria; el edificio es para la gloria de Dios.

EL DESAFÍO DE LOS RECURSOS ECONÓMICOS

Nuestra nueva Iglesia tendría corta vida. Se moriría de hambre por falta de recursos económicos. No teníamos instalaciones, ni equipo, ni presupuesto para el ministerio, ni salarios, Peor aún, no había con quien quejarse. ¡no teníamos gente! Muchos me decían Pastor Mancilla un ministerio fructífero necesita recursos. La iglesia nunca alcanzará su total potencial redentor hasta que los recursos económicos comiencen a fluir. Sigue orando pidiendo a Dios sabiduría y provisión económica. El me respondió y me enseño que Dios es nuestro máximo proveedor. Salmo 50:12b. dice: "Mío es el mundo, y todo lo que contiene". En otras palabras, los recursos de Dios son ilimitados. Dios controla el flujo de caudal financiero que necesitamos. Aprendí que Dios no solo es capaz de ayudar, sino que de verdad anhela hacerlo. La Iglesia es la novia de Cristo. Es Su regalo al mundo. Nadie más que Dios quiere ver una iglesia con los recursos adecuados.

Aprendí está lección en un momento crítico en el crecimiento de Roca Fuerte. Estábamos metidos en un enorme programa de construcción del templo. Era un acto de fe radical. La gente había dado todo lo que tenía para dar, se fue el mayor donante de la iglesia. Allí fue cuando tuve que definir, de una vez por todas, la diferencia entre el conducto y la máxima fuente de la provisión.

Sí, fue una gran tragedia perder a nuestro mayor donante. Sin embargo, me di cuenta que el hecho de que este hombre se hubiera ido, no significaba que Dios también se había ido. El Señor nos había llamado a comenzar una iglesia para alcanzar a los perdidos. Y todo mi ser me decía que Dios estaba todavía con nosotros y nos seguía animando. El seguía siendo nuestro máximo proveedor. Simplemente teníamos que seguir moviéndonos en fe.

Le dije a los directivos que Dios aún estaba en el trono, que todavía tenía abundancia, y que quizás ya estaba viendo nuevos conductos por medio de los cuales enviar los recursos. En los meses siguientes a esa crisis de fe, tuvimos el privilegio de ver a Dios de una manera poderosa proveer. Lecciones como esa no se olvidan.

Líderes, pastores y hermanos y hermanas en Cristo Jesús, dormirán mucho mejor en la noche una vez que establezcan firmemente este principio fundamental. El máximo proveedor de los recursos que necesitamos es el Dios que quiere ver levantada su iglesia mucho más de lo que nosotros queremos. Él tiene abundancia.

La segunda lección que Dios me enseño acerca de los recursos económicos, es que si a la gente correcta se le presenta la correcta oportunidad del reino, de la manera correcta y en el momento correcto, el resultado será una lluvia de apoyo económico alegre y generoso.

UN SALTO CUALITATIVO

Solo bastó dos años para darnos cuenta que si queríamos avanzar y otro nivel teníamos que esforzarnos más, y hacer cambios cualitativos que fueran el inicio de algo grande que iba a impactar la vida de miles de personas y por qué no, a la ciudad de Cancún.

En esta sección abordare básicamente el paso de fe que dimos, un verdadero atrevimiento, y finalmente haré un reconocimiento especial a varias personas que jugaron en aquel momento histórico un papel clave en la **visión** y **misión** de la iglesia Roca Fuerte y en la **construcción del templo**, por eso les llamo: Héroes y heroínas de Roca Fuerte.

LOS BENEFICIOS DE RESISTIR TIEMPOS DE PRUEBA

En esos días de escasez aprendí que la fidelidad de Dios es total, maravillosa y sistemática. El es el máximo guardador de promesas. No creo que la convicción se hubiera podido forjar en mí de otro modo. La escasez puede producir un asombroso fruto espiritual. Esa época hizo que la fidelidad de Dios fuera para mí más que una teoría. En esos días difíciles la congregación de Roca Fuerte estaba aprendiendo estas lecciones exactamente junto a mí. Nuestra fe creció. Dios había hecho posible lo imposible. Por su poder sobrenatural había movido la montaña de los recursos. Nunca más volveríamos a ser los mismos.

Repito, nada prueba más el temple de los líderes y miembros de la iglesia que el desafío de los recursos económicos. Por lo tanto, en lugar de buscar soluciones rápidas, los líderes deben aceptar de buena gana, con valor, y con esperanza el desafío de los recursos económicos. Debemos permitir que las presiones de la escasez nos enseñen todo lo que podamos aprender acerca de Dios, de nuestra gente y de nosotros mismos. Dejemos que Dios estire nuestra fe por causa de Él. Y, entonces, sueñen conmigo que viene el día cuando un caudal de recursos económicos sea derramado en las Iglesias, para que el Reino de Dios pueda florecer y crecer.

PONGAMOS LOS PIES EN EL AGUA

Pongamos los pies en el agua. Después de haber resistido estoicamente las condiciones infra pedagógicas en las carpas donde predicaba, enseñaba y celebramos los cultos y reuniones de oración. Decidimos dar el salto en el año 2006. Aquello era un verdadero salto cualitativo puesto que estábamos pagando la mensualidad del terreno, pagar permisos, licencia de construcción, perito responsable de la construcción, albañiles, una verdadera fortuna para nosotros, Dios me dio una palabra en que trajo confianza en Josué 3:15 Dios me dijo: **"que de la misma manera que los sacerdotes mojaron sus pies en el agua,"** hiciéramos nosotros.

UN SALTO CUALITATIVO DEL SUEÑO

Solo bastó un año para darnos cuenta que si queríamos avanzar y otro nivel teníamos que esforzarnos más, y hacer cambios cualitativos que fueran el inicio de algo grande que iba a impactar la vida de miles de personas.

En esta sección abordare básicamente el paso de fe que dimos, un verdadero atrevimiento, y finalmente haré un reconocimiento especial a varias personas que jugaron en aquel momento histórico un papel clave en la **visión** y **misión** de la iglesia Roca Fuerte y en la **construcción del templo**, por eso les llamo: Héroes y heroínas de Roca Fuerte.

"Por fe andamos no por vista" En la vida, siempre hay tres voces compitiendo con la voz de Dios: la voz de la fe, la voz de Satanás y la voz de la carne. Mucha gente me decía "No hay forma en que puede reunir esa cantidad de dinero, el proyecto es muy grande, no se va a reunir esa cantidad, reconózcalo pastor. Ya hicimos más de lo que podíamos hacer, no tenemos lo que se necesita.

Pero si escucha con cuidado la voz de la fe que está diciéndole: "Dios tiene una manera de hacerlo, El favor de Dios viene, los avances vienen". Es una voz clara y pragmática. "Todo lo puedo en Cristo" (Filipenses 4:13) por lo que eres suficientemente capaz en Cristo. Usted puede escoger que voz oirá y seguirla. Una voz me decía el proyecto es demasiado grande, costoso, jamás se reunirá todo el dinero que se necesita, hay creyentes que se están dejando la congregación. Si oyes esa voz y la sigues, estás escogiendo la voz incorrecta. Usted tiene que entrar en acuerdo con Dios. La voz de Satanás o la voz de la naturaleza humana podría parecer más fuerte, usted la puede suprimir. Usted le puede quitar todo su poder al escoger la voz de la fe

Una voz le advertirá: "No lo vas a lograr, estas desperdiciando tu tiempo, muchos dicen que no se puede, tanta gente no puede estar equivocada" empieza a sentir, temor, duda, piensa que no lo puede hacer. Si escojo la voz de la fe. Que dice "No nos has dado Dios espíritu de cobardía, sino de poder...". (2da., de Timoteo 1:7) "Todo lo puede en Cristo que me fortalece" (Filipenses 4:13) "Mi Dios, suplirá todo lo que os falta conforme a sus riquezas en gloria en Cristo Jesús" (filipenses 4:19) "Jehová es mi pastor y nada me faltará" (Salmo 23:1) Las promesas de Dios se cumplieron, Dios nos ha llamado a cada uno de nosotros a hacer cosas grandes, para Su Gloria. Quizá parezca imposible, pero Dios puede hacer lo imposible. No porque usted no vea que está sucediendo signifique que Dios no está trabajando. La voz de la fe trae **valentía** para las tareas difíciles. dice "No nos has dado Dios espíritu de **cobardía**, sino de poder..."
(2da., de Timoteo 1:7)

La valentía es una cualidad mental o espiritual que nos permite enfrentar el peligro, la oposición o los desafíos de la vida con audacia, calma y firmeza. De acuerdo con 2da. Timoteo 1:7 "Dios no nos ha dado espíritu de cobardía, sino de poder, de amor y de dominio propio". Además, también contamos con las promesas que Dios nos da en Su Palabra para que enfrentemos con valentía cada desafío de la vida y para obedecer a Dios en lo que nos pida.

Los fundamentos de la valentía.

***Las promesas de Dios.** La valentía que tenemos como creyentes proviene de la relación personal que tenemos con Dios, por medio de Jesucristo. Las promesas y los principios que se enseñan en Josué 1:5 "Como estuve con Moisés, estaré contigo; no te dejaré, ni te desampararé". Nosotros también contamos con esa promesa, pues Dios mora en nosotros, por medio de Su Espíritu Santo. No estamos solos ante las situaciones difíciles de la vida, o ante los desafíos o tareas difíciles que Dios nos pide que hagamos. En vez de poner nuestra mirada en los problemas, o en lo difícil de los retos que enfrentamos, debemos confiar en el Señor, quien siempre es fiel.

La responsabilidad nuestra. (Josué 1:7) "Solamente esfuérzate y sé muy valiente, para cuidad de hacer conforme a toda la ley que mi siervo Moisés te mando; no te apartes de ella ni a diestra ni a siniestra, para que seas prosperado en todas las cosas que emprendas". Josué solo podría obtener éxito al mantener su confianza en el Señor y al hacer exactamente lo que le había encomendado en Su Palabra.

Es el mismo plan que Dios nos da hoy a nosotros para obtener la victoria. Debemos hacerlo todo de acuerdo con Su voluntad. Recordemos que el éxito que Dios nos promete no es el mismo que el mundo ofrece. Ante Dios, el éxito consiste en llevar una vida de obediencia que el Señor pueda usar para ser de testimonio para otros.

La clave para la valentía. (Josué 1:8) "Nunca se apartará de tu boca este libro de la ley, sino que de día y de noche meditarás en él, para que guardes y hagas conforme a todo lo que en él está escrito; porque entonces harás prosperar tu camino, y todo te saldrá bien" La clave para tener valentía ante las tareas difíciles radica en reflexionar diariamente en la Palabra de Dios. Esto incluye cinco puntos esenciales.

- **Leer**. Es importante conocer lo que Dios ha expresado en Su Palabra.
- **Creer.** También debemos creer en las promesas que Dios nos da.
- **Reflexionar.** Reflexionar en Sus enseñanzas, para que podamos comprenderlas y dejarnos guiar por ellas.
- **Aplica**. Tenemos que aplicar la Palabra de Dios a nuestro estilo de vida.
- **Obedecer.** No solo debemos conocer lo que dice la Biblia, sino también estar dispuestos a obedecerla.

LOS HÉROES Y HEROÍNAS DE LA IGLESIA ROCA FUERTE (Hebreos 11)

Los héroes y heroínas de la Iglesia Roca Fuerte . . . Hebreos 11
En la Iglesia Roca Fuerte hay muchos héroes y heroínas, a mí me corresponde citar a aquellas personas que hicieron cosas sobresalientes y que mostraron su valor y fe al haber realizado una labor tan notable y de una manera tan fiel y excelente movidos solamente por los principios y valores altruistas que deben caracterizas a los hombres y mujeres de Dios.

Es mi honor mencionar a aquellas personas a las que yo llamo héroes y heroínas de la Iglesia Roca Fuerte, que sus obras no pueden quedar en el anonimato, por eso hoy salen a la luz pública y honramos su memoria.

Profesora Esther Judit Bárcenas Mayet de Mancilla, mi amada esposa.
Ella fue la primera persona que invirtió en Roca Fuerte, por los miles de horas que dio de su vida enseñando cursos bíblicos de crecimiento y formación, por el dinero que ella invirtió en pago del terreno, construcción del templo, pago del transformador que hasta el día está sirviendo, la honramos el día de hoy y la declaramos. Heroína de la Iglesia Roca Fuerte.

Dra. Victoria Gritter de Hillside Community Church, de Grand Rapids Michigan,
Es una heroína silenciosa que ha estado detrás de mi ministerio, desde antes que naciera Roca Fuerte. La Dra. Gritter abrazó la visión de Roca Fuerte desde el mismo principio. Ella y Debbie DeKam estuvieron presentes en el primer culto, un 24 de septiembre del 2004, apoyándonos, respaldándonos, colaboró con diferentes proyectos educativos, en la compra del terreno, en apoyar y promover que grupos de muchachos y muchachas de Hillside Community Church, de Grand Rapids Michigan, vinieran a trabajar en la construcción del templo. Por eso y por mucho más es y será siempre una heroína de Roca Fuerte.

Lic. José Cuauhtemoc Iraburo Zarate
Cumplió un papel importante al principio de la iglesia Roca Fuerte, haciendo cosas simplemente impresionantes y rompiendo paradigmas, es y siempre será un Héroe de la iglesia Roca Fuerte.

Ing. Carlos David Chel tun
Fue el primer secretario de la Asociación Religiosa y ha sido un miembro fiel siempre, hizo la instalación eléctrica del templo Roca Fuerte, empezando con los planos eléctricos, Por eso es y siempre será un héroe de Roca Fuerte.

Armando Pérez
Fue el primero en empezar a limpiar el terreno con machete, fue el primero en dirigir la alabanza, fue el primer diácono de Roca Fuerte, fue el primer predicador que preparé en Roca Fuerte, fue el primer mártir de Roca Fuerte, se fajo como lo hacen los hombres y las mujeres de Dios. Armando es y siempre será un héroe de Roca Fuerte de Cancún.

Luis Campo Vilchis Dios lo uso para habilitar y hermosear provisionalmente el lugar para celebrar las primeras reuniones como se ve en la foto siguiente. Sirvió para congregarnos y celebrar las reuniones de alabanza y adoración a Dios, tres carpas más para salones de clases para niños, colocó la maya perimetral, puso adocreto y el jardín, fue algo bello, el hermano, Armando Pérez, y un servidor, trabajamos incansablemente hasta dejar listo el lugar para ser usado para las reuniones en menos de un mes, el es, por eso y por mucho más un héroe de la Iglesia Roca Fuerte en Cancún.

Doug DeKam
Es un héroe silencioso que ha estado detrás de mi ministerio, desde antes que naciera Roca Fuerte. El hermano Doug y su esposa Debbie abrazaron la visión de Roca Fuerte desde el mismo principio. Colaboraron en diferentes proyectos, la compra del terreno, animaron, organizaron, y dirigieron a grupos de jóvenes hombres y mujeres de la Iglesia de Hillside Community Church, de Grand Rapids Michigan, que nos ayudaron en la construcción y que han hecho una diferencia. El hermano Doug y su esposa Debbie de forma desinteresada han servido y ofrendado en Roca Fuerte. Hoy les honramos como Héroe de la iglesia Roca Fuerte.

Debbie DeKam
Estableció la primera escuela de música, el primer coro, , la hermana Debbie empezó la escuela de música y un ministerio de alabanza, muchos aprendieron a tocar diferentes instrumentos, y alabar al Señor. Por todos esos años de servicio y de amor a la Iglesia Roca Fuerte la hermana Debbie es y será siempre una heroína de Roca Fuerte.

Una vez más, Dios haciendo caminos donde no existen, mostrando que en la ecuación de Dios dos más dos no son cuatro.

EL RECUENTO. . . AÑOS DESPUÉS

Este es el momento más importante para un ser humano, el recuento, la evaluación, el ver lo que hemos logrado después de tanto esfuerzo. En la Biblia se nos dice que pasaremos por un juicio de recompensas en el cual daremos cuenta a Dios de los talentos que Él nos ha dado. Iniciamos en Septiembre del 2004, es oportuno evaluar cuáles son los logros de esta emocionante aventura.

En esta última sección hablo de los tres grandes logros.

Establecimiento del Ministerio. AMM Avanza Misionero Mundial
Ministerio en Liderazgo Avanzado 13 graduados
Ministerio en Educación Cristiana 2 graduado
Estudios Bíblicos 5 graduados
Actualmente estudian tres alumnos diferentes diplomados
Predicaciones y estudios bíblicos por internet, www.rocafuertecancun.org, donde se presentan los mensajes bíblicos, cada semana, cientos de personan han escrito dando testimonio de cómo les ha servido en su vida espiritual, y muchos nos han visitado de diferentes partes del mundo.

Ministerio de jóvenes "UNIDOS POR CRISTO"
Los jóvenes son fortalecidos y motivados para que logren superar sus desafíos.
MISIÓN: Amar a Dios con todo el corazón, con toda la fuerza y con toda la mente.
VISIÓN: Transformar el entorno de tal forma que la vida refleje la Gloria de Dios y Su Nombre sea engrandecido.
¿QUE HACEN? Predicar el Evangelio con la esperanza en el Espíritu Santo de que más jóvenes sean movidos de las tinieblas a la luz de Jesucristo.
¿CÓMO LO HACEN? Con un programa de actividades que incluye oración, estudio Bíblico, música, dinámicas, convivencia, actividades de servicio, deportivas, sociales y culturales.
"Ninguno tenga en poco tu juventud, pero se ejemplo en palabra, conducta, amor, espíritu, fe y pureza". (1 Timoteo 4:12)

Ministerio de Varones. Inició el 27 de Mayo del 2010
La visión del Ministerio de VARONES de la Iglesia Roca Fuerte es fomentar el crecimiento y el avivamiento espiritual del hombre. Presentar el desafío de vivir con integridad y de esforzarse en el cumplimiento de cinco compromisos claves en su vida.

1.- Compromiso de honrar a Cristo Jesús a través de la obediencia a Su Palabra, la oración y Adoración a Dios.
2.- Compromiso de pureza moral, ética y sexual.

3.- Compromiso de establecer un matrimonio y una familia sólida y armoniosa mediante el amor, el respeto, la honra, la protección y el liderazgo basados en principios bíblicos.
4.- Compromiso con el cuerpo de Cristo, apoyando a la iglesia Roca Fuerte, aportando tiempo, oración, recursos personales, así como respeto a su pastor y a la unidad entre todos los hijos de Dios.
5.- Compromiso al Evangelismo y al Discipulado.

Ministerio de Evangelismo y consolación a Hospitales.
Ministerio Prioridades de la Mujer Cristiana: La visión del Ministerio Mujeres en Acción es Capacitar a las mujeres de la Iglesia para enriquecer las vidas de otras mujeres por medio de Cristo. Ayudar a las mujeres a descubrir los dones dados por Dios para el ministerio. Guiar a las mujeres a recibir a Cristo como Señor y Salvador, Convertirse en mujeres de oración y mujeres que estudien la Biblia y funden sus vidas en la Palabra de Dios.

Ministerio de Células en Hogares. La estrategia celular busca crear tejidos o redes con tres propósitos: 1) Ganar nuevas personas para Cristo. 2) La Edificación de los Creyentes. 3) Desarrollar la visión de la iglesia Roca Fuerte.

Ministerio de Oración.
Ministerios de Alabanza Shalom
HISTORIA DEL MINISTERIO DE ALABANZA SHALOM por Samuel Morales Bárcenas

El Ministerio de Alabanza Shalom surge de un grupo de intermedios queriendo aprender a tocar guitarra en la iglesia "Puerta del Cielo", grupo del cual la hermana Martha, mi esposa era la líder.

2. El nombre se lo da el pastor Mancilla en la primera presentación en la iglesia....
3. Vamos a algunos pueblos a la zona norte del estado con los intermedios dirigiendo la alabanza en los cultos
4. Al separarse la iglesia, y por ende el grupo original....se sigue en la nueva congregación “Roca Fuerte”..aquí se integra Jorge Valdivia y Alejandro Bañul.....con Jorge llega la guitarra eléctrica y el equipo musical más en forma....toma forma como grupo.....Jorge comienza a escribir música y escribe “Roca Fuerte” que fuera tema de la

iglesia por varios años, después de acomodos y ajustes, no es fácil trabajar con un músico perfeccionista como Jorge....con la mejor intención pero difícil para los jóvenes.....

5. Jorge me recibe un domingo en su casa antes de tocar con la noticia que será solista....y que quedo al cargo del grupo...me da equipo de sonido, cables, micrófonos y su "bendición".....

6. Alejandro y yo como los mayores asumimos el liderazgo del grupo.....sonamos diferente, lo entendemos de una manera menos perfecta en lo técnico pero más "de corazón".. Definimos el estilo como "Alabanza Celebrativa" ...termino que usamos para definir nuestro gusto por el ritmo...surgen arreglos con diferentes ritmos, se experimenta hasta con lo tropical...nuestros sentidos creo, hoy, son los más satisfechos....

7. El Hermano Severino, nos llega un día con que compro una batería para el grupo, una azul, bonita y no hay quien la toque comenzamos a orar por que Dios provea al músico que la va a tocar.... (Es la batería que actualmente se usa) hasta aquí somos: Rebeca Valencia Pool, Alejandro Bañul, Rafael, Luis Vargas y yo.... Samuel Asencio Morales Bárcenas.

8. Un día llega Rafa con un joven amigo de el, Daniel Herrera....recuerdo que antes que nada le pregunte: ¿Dani tu crees en Dios padre, Dios hijo y Dios espíritu?..¿crees que Cristo vino a morir por ti?.. Antes de terminar me dice "amen y soy salvo y a Dios la Gloria".....hijo de un pastor, ministro de alabanza en su iglesia....era la respuesta a nuestra oración.....

9. Daniel tuvo que lidiar con nuestro concepto de "alabanza celebrativa"...y vaya que Dios le dio paciencia para enseñarnos a la luz de la Biblia, lo que en realidad hay detrás de adorar a Dios.....con estudios y sobre todo con amor y apego a la palabra de Dios, llegue,(y hablo por mi)...a conocer a Dios ....puedo decir que fue a mis 34 años....después de mucho, que conocí a Dios y que nací de nuevo....y fue tan claro y en el tiempo que Dios puso y a quien uso....cuando él quiso....eso es la soberanía de Dios en mi vida..Y de pronto vi la mano de Dios cuidándome en mi vida pasada y vi como claramente uso a mi esposa y familia para llegar a este día...su voluntad es perfecta...

10. Nuestros ensayos dejaron de ser ensayos, eran momentos de alabanza donde con oración y alabanza, el espíritu de Dios nos llevaba de una alabanza a otra.....pronto nuestra adoración era un acto de entrega, de humillación a Dios, donde le das todo....donde le dices a todo pulmón lo que es para ti y cuanto le amas...más allá de seguir letras o ritmos....muchas veces acabábamos en medio de lágrimas y gozo nuestros ensayos.....quedo atrás la "Alabanza celebrativa".....para ser adoradores......pronto dejamos de gozarnos en el ritmo y comenzamos a gozarnos en la adoración, en la entrega....

11. Esther Morales Cortazar, mi hija mayo comenzó a aprender a tocar batería.....Daniel tenía el compromiso de su iglesia y a veces no podía participar con nosotros....Alejando y Paty su esposa siempre nos ayudaron y pronto con su ayuda compramos otro equipo de sonido.....mi papá, me regalo otro teclado y así poco a poco fue mejorando el equipo.....se integra la hermana Lourdes, Marixza Kú Alejos, sale el hermano Seberino...
12. En algún momento, quizá nos faltó oración, o fue simplemente el pecado el que entro en el grupo y pronto domingo a domingo algo salía mal
13. Se retira Jorge, se integra Lisandro.... La niña Esther Morales Cortazar. comienza a tocar la batería.......
14. Dios llama a Rafael a Su presencia...como producto de su testimonio, sus mejores amigos se integran, además excelentes músicos......Melvin y Alberto......
15. Los dejo tocar solos un domingo y lo hacen bien, se ven unidos y en el mismo sentir, los jóvenes toman su lugar ...y mi hija Estercita sigue.
16. Los junto en mi casa y les comento mi decisión de retírame "un tiempo" y dejarlos solos.....nadie lo cuestiona , nadie dice que no.....y entiendo que es el momento...el ministerio es de los jóvenes.....hasta ahí llega mi historia con Shalom.....

Finalmente, puedo decir que se ve fácil, tocar y cantar en la Iglesia, pero requiere tiempo, compromiso y voluntad.... a veces tienes sueño, te acostaste tarde un día antes por cualquier cosa, trabajo, tareas, obligaciones y sin embargo te levantas y le ofrendas a Dios tu tiempo....no falta que el final del culto un "hermanito" te diga "hoy no me gusto tu alabanza"...y tú les respondas...."qué bueno...no era para ti"........finalmente lo haces para Dios.. quien no lo vea así se engaña a si mismo...Dios es dueño del tiempo y del espacio y a veces aun en el peor de los días, cuando sientes que tocaste y cantaste muy mal, Dios te uso y alguien en medio de la congregación estuvo en comunión con Dios a través de la alabanza y adoración en la que tu participaste, esto es algo serio e implica una gran responsabilidad, temor a Dios y consagración a Él.

Dios me ha recompensado con mucho cada minuto que he dado...cada peso que puesto en equipo...finalmente Él es el dueño de todo y a Él sea la gloria......

<u>Samuel Morales Bárcenas</u>

Ministerio de Alabanza Kalaia
Ministerio: Coro Roca Fuerte
Ministerio de la Escuela Dominical "Leche y Miel"
Ministerio Para Niños "la Generación de Jesús" Inició el 09 de Enero del año 2011

Levantando una nueva generación, para transformar al mundo. Se refiere al grupo demográfico de cuatro a catorce años de edad, que es la más abierta y receptiva a toda forma de desarrollo. El propósito, es retar e inspirar al cuerpo de Cristo, la iglesia, a de invertir de forma significativa para alcanzar y equipar a la generación de 4 a 14 años para maximizar su identidad e impacto transformador, y movilizarlos para el impacto continuo el resto de sus vidas. La visión es que el cuerpo de Cristo reconocerá a la próxima generación como agentes primarios de transformación integral para impactar todas las esferas de la vida y sociedad. La Biblia nos enseña claramente que la enseñanza espiritual a temprana edad, traerá beneficios para toda la vida. Proverbios 22:6 dice: "Instruye al niño en su camino, y cuando fuere viejo, no se apartará de él". Abundan en la Biblia ejemplos de niños que fueron elementos de transformación, por mencionar algunos, el niño Samuel, la criada de Nahaman, David enfrentando a Goliat, el niño de los peces y los panes en la alimentación a cinco mil personas, Etc.

Ministerio de Edecanes.

Ministerio de Boletín.

Ministerio de Sonido y multimedia.

Ministerio de Evangelismo "Abre mis ojos"

Ministerio de Visitación a la Cárcel. Es un Ministerio de Evangelismo, consolación y esperanza

Ministerio de Amor en Acción: (En Memoria de la hermana Esther Apocalipsis 14:13)

Ministerio de Educación Cristiana. La misión educativa de la Iglesia Roca Fuerte no se limita al evangelismo, es necesario que la iglesia Roca Fuerte tome conciencia de la verdadera e importante labor educativa que le debe caracterizar, la enseñanza de la Palabra de Dios, es la que produce fundamentos en cada creyente.

Cuando Dios llama a una persona a hacer algo no es sensato oponerse a ella, ni criticarla sino apoyarla porque al final el Reino de Dios es el centro del universo.

LA IGLESIA ROCA FUERTE: UNA ACCIÓN DEL REINO DE DIOS Y UNA PASIÓN.

Al pasar los años, durante los cuales la visión se ha ampliado, hemos sido conscientes del respaldo de Dios a nuestro ministerio, hemos contado con el involucramiento decidido de un equipo de servidores que comparten la visión y la misión de Roca Fuerte y anhelan llenar la tierra con el conocimiento del Señor. Dios ha animado aún más nuestra visión, "Establecer el reino de Dios en la tierra" y nos ha convencido de que el evangelio es fundamental para la transformación de nuestro país y el mundo. Hemos sido testigos como cada día del cumplimiento de Romanos 1:16 "El Evangelio es poder de Dios para salvación a todo aquel que cree".

FILOSOFÍA BIBLICA DEL MINISTERIO

El éxito de un MINISTERIO requiere fe en Dios basada en Sus promesas, Oración, inversión y planificación. Los buenos resultados no se dan por sí solos, No esperemos resultados exitosos si trabajamos, como dicen "al hay se va", hay que dedicarle el tiempo que se requiera y una filosofía bíblica de Ministerio es fundamental.

1.- para glorificar a Dios. "Si, comes o bebes, hacéis otra cosa, hacedlo todo para la gloria de Dios." (1 Cor.10:31) — "Si alguno habla, hable conforme a las palabras de Dios; si alguno ministra, ministre conforme al poder que Dios da, para que en todo sea Dios glorificado por Jesucristo, a quien pertenecen la gloria y el imperio por los siglos de los siglos. Amén." (1 Pedro 4:11) — "No a nosotros, oh Jehová, no a nosotros, Sino a tu nombre da gloria, Por tu misericordia, por tu verdad." (Salmos 115:1) ¡A El solo le pertenece toda la gloria y honra de todos nuestros logros en esta vida! — "Yo Jehová; este es mi nombre; y a otro no daré mi gloria, ni mi alabanza..." (Isaías 42:8)

Cuando entendemos esto es que logramos servir a Dios con un corazón limpio y puro, sin motivos equivocados. Permanecemos fieles a El, sin importar nada más, ¡Dios es el centro de todo y no hay nadie que merece la gloria! Podemos declarar lo que nos dice el Salmo 115:1, "No a nosotros, oh Jehová, no a nosotros, Sino a tu nombre da gloria, Por tu misericordia, por tu verdad." Busquemos vivir con esto siempre en mente, constantemente examinemos nuestros motivos delante del Señor, ¡solo así alcanzaremos a agradar a Dios y servir a nuestro prójimo con motivos puros!

No nos enfoquemos en nosotros mismos, no es para elevar la auto estima de la gente. Hacerle sentir bien, parchar relaciones, resolver sus problemas, mantener entretenidos y cómodos. Centramos todo el ministerio de Roca Fuerte, en darle la gloria a Dios.

2.- Creer y someterse a la autoridad absoluta de la Palabra de Dios.- El éxito de un MINISTERIO requiere fe en Dios basada en Su Palabra. "¡A la ley y al testimonio! Si no dijeren conforme a esto, es porque no les ha amanecido." (Isaías 8:12) "Toda la Escritura es inspirada por Dios, y útil para enseñar, para redargüir, para corregir, para instruir en justicia a fin de que el hombre de Dios sea perfecto, enteramente preparado para toda buena obra" (2 Timoteo 3:16-17) Es un principio inalterable, no es negociable. "...Porque has engrandecido Tu Nombre, y Tu Palabra sobre todas las cosas" (Salmo 138:2b) Es la opinión que Dios tiene de Su Nombre y de Su Palabra. "...pero miraré a aquel que es pobre y humilde de espíritu, y que tiembla a mi Palabra." (Isaías 66:2b) Este es el principio insustituible en una filosofía bíblica de ministerio. Si la palabra de Dios no tiene la importancia que Dios le da, entonces, caeremos en todo tipo de problemas. Vamos a buscar comodidad en lugar de obediencia, las ideas del hombre van a determinarlos criterios que se usan como guías en lugar de la Palabra de Dios. "Mirad que nadie os engañe por medio de filosofías y huecas sutilezas, según las tradiciones de los hombres, conforme a los rudimentos del mundo, y no según Cristo." (Colosenses 2:8)

3.-Tener una antropología correcta. - El mundo no nos da una imagen del ser humano como la Sagrada Escritura lo presenta. La Biblia presenta al hombre como la corona de la creación, pero al mismo tiempo presenta al ser humano totalmente depravado, caído, afectado por el pecado. Es imposible hablar del Evangelio, sino definimos lo que es ser pecador, si no entendemos el pecado y como afecta a la humanidad, no tiene caso hablar de un Salvador, ni referirnos a la salvación.

4.- Tener un entendimiento correcto del propósito de la Iglesia. ¿para qué existe la Iglesia? La Iglesia existe para la gloria de Dios, no vivimos para nosotros mismos. "Porque ninguno de nosotros vive para sí, y ninguno muere para sí. Si vivimos para Él Señor vivimos; y si morimos para Él Señor morimos, así pues, sea que vivamos, o que muramos, del Señor somos" (Romanos 14:7-8) ya no somos dueños de nosotros mismo, pero es fácil olvidarse de este principio tan claro en las Sagradas Escrituras.

Entonces la Iglesia existe para exaltar a Dios, la Iglesia existe para ser recipiente de la verdad de Dios, ¿cuál verdad? La única que verdad, la verdad revelada de Dios en las Sagradas Escrituras. La iglesia debe defender la fe, todas las epístolas son apologéticas, polémicas, porque fueron escritas para defender la fe, para sostener en alto la verdad de Dios, si somos fieles a la iglesia y si somos fieles a la misión de la Iglesia puede que tengamos conflictos. La Iglesia también existe para entrenar o capacitar a los santos. La Iglesia también existe para ser luz en un mundo de tinieblas.

5.- Tener un liderazgo piadoso y calificado. - Es esencial, la escritura nos enseña que el liderazgo es importante, Oseas dice: "Sera el pueblo como su sacerdote" (Oseas 4:9) La iglesia va a ser como sus líderes, ni más ni menos, Jesucristo lo expresa así: "El discípulo no es superior a su maestro; más todo el que fuere perfeccionado, será como su maestro" (San Lucas 6:40)

En conclusión: una filosofía Bíblica de ministerio debe incorporar principios fundamentales, elementales, inalterables que forman parte de la estructura de ministerio,

Esta es la filosofía bíblica de Ministerio que me ha guiado en todo este caminar, Dios ha puesto en nuestras manos una gran responsabilidad y tenemos que someternos a esa ley espiritual: *"el que en lo poco ha sido fiel, en lo mucho lo pondré."* Este es un principio bíblico universal, que explica los logros y fracasos en las instituciones, ministerios, familias y creyentes.

Cada año ha sido una aventura de fe, que enmarca un actuar extraordinario y sobrenatural de Dios, quien nos confirma el llamado a predicar El Evangelio del reino de Dios (San Lucas 9:2), enseñar y a extender el Reino de Dios. Entiendo además que El Espíritu Santo ha seleccionado a las personas idóneas que forman los ministerios que actualmente llevan adelante la **Visión: Establecer el Reino de Dios en la tierra** (San Mateo 6:10) y la **misión: Alcanzar a todas las naciones para Cristo**. **(**San Mateo 28:19) Sin esas personas nada de lo logrado hasta ahora hubiera sido posible.

Explicación de la Visión de la Iglesia Roca Fuerte: Establecer el reino de Dios en la tierra ¿Quiénes somos como Iglesia Roca Fuerte?

Somo una Iglesia pionera, punta de lanza, de avance, de guerra espiritual, de expansión; apasionada, militante, prototipo, radical y reformadora; una Iglesia que abre brecha, llena de amor y gracia y sobrenatural; conquistadora, en movimiento, edificadora, visionaria, restauradora, liberadora; con señales, milagros y sanidades; comprometida, osada, sabia, confrontadora, dinámica, espontanea y humilde. Para hacer avanzar el Reino de Dios en la ciudad de Cancún y en las naciones. Una Iglesia con la pasión de ganar almas para Jesucristo, entrenar, equipar y enviar a los creyentes para que cumplan el propósito y llamado de Dios en sus vidas; con una visión de Reino.

Como líderes de ministerios, tenemos clara y presente la visión que da sentido a nuestra vida, la visión que nos ocupa es divina, traspasa las generaciones. **"Establecer el Reino de Dios en la tierra".**

La multiforme Gracia de Dios se ha visto desplegada cada año a través de los dones y talentos que Dios ha dado a los ministerios. Cada líder ha sido vital en el proceso de formar al cuerpo de Cristo. Siempre ha sido el mayor recurso que la Iglesia Roca Fuerte ha tenido. Cada quien ha agregado una riqueza especial, una pasión particular al ministerio. El Espíritu Santo ha sido quien ha influenciado todo el Ministerio de la Iglesia Roca Fuerte. ¡Gracias a Dios por cada una de estas personas que le ha dicho Sí al llamado de Diosa a servir!

LA ESTRATEGIA

Llevar a la Iglesia Roca Fuerte hacia mejores derroteros, requiere de una serie de acciones muy meditadas y probadas; a esas distintas acciones llamo *estrategias* ¿Qué hicimos?

1.- Estudios Bíblicos a la medida

¿Muchos se han preguntado a que se debe tanta metodología? Solo hay una respuesta, compromiso. Este compromiso, me llevó a ceder horas y horas de sueño, pensando e inventando metodologías que pudieran posibilitar a todos los nuevos creyentes ser discipulados. A todos esos sueños e ideas le dimos forma a través de un accionar proactivo y creamos tres niveles de discipulado que vinieron a mitigar el trabajo de la iglesia, 1). El programa de 30 lecciones para nuevos creyentes.

2). 30 lecciones para de discipulado.

3). Estudios Bíblicos de formación y preparación para el ministerio. El contexto de Roca Fuerte nos exige que el abanico de propuestas se amplié. No todas las personas tienen la misma disponibilidad de tiempo, la misma escolaridad, las mismas necesidades, la misma movilización. Entonces creamos los distintos cursos, diferentes horarios, que responden a cualquier necesidad.

CUATRO LECCIONES QUE APRENDI

Primera Lección que aprendí: "A poner la mirada en las cosas de arriba, no en las de la tierra. Porque habéis muerto, y vuestra vida está escondida con Cristo en Dios." (Colosenses 3:2-3) Siempre me ha Impactado e inspirado Hebreos 11:27 que dice: "que Moisés se sostuvo como viendo al Invisible". Creímos firmemente que obtener de nuestro Dios nuestra fortaleza y nuestra perspectiva era nuestra mejor opción, estar centrados en Dios, recibiendo su perspectiva sobre la construcción de la iglesia y la del templo y su sabiduría divina, sería a fin de cuentas el factor clave a la hora de tomar decisiones correctas.

No siempre me fue fácil mantener una perspectiva en Dios. Repetidas veces nos vimos atrapados en un confuso torbellino de emociones, queríamos seguir adelante con la construcción del templo, pero no teníamos dinero, queríamos seguir con los programas evangelisteros y educativos, pero no teníamos con qué hacerlo, así que lo lógico parecía ser que mantuviéramos la vista fija en lo que teníamos ante los ojos, necesitábamos ver hacia donde nos dirigíamos. Esto causó problemas en nuestra visión, porque es imposible mantener un ojo mirando a Dios y sus promesas, y otro mirando las circunstancias. ¿Íbamos a confiar en Dios, o no? Esa era la gran pregunta. Al final nos movimos en fe y pasamos a un camino que no nos era familiar. Confiamos en el hecho que Dios estaba con nosotros y en las promesas que nos había dado. Y que Él tenía un plan para nosotros.

También aprendí que *cuando Dios pide que haga algo, Dios le va a dar todo lo que necesita para hacerlo. Energías, talento, la gente, espacio, los recursos, contactos, las redes, cualquier cosa que usted necesite. "Mi Dios, suplirá todo lo que os falte conforme a sus riquezas en gloria en Cristo Jesús."* (Filipenses 4:19) El hijo de Dios solo debe preocuparse por estar en centro de la voluntad de Dios, entonces la provisión de Dios es algo garantizado.

Le puedo decir con certeza que vale la pena mantenerse creyendo en nuestro creador y Dios y confiar plenamente en sus promesas. Él es el dador de la vida, el gran yo soy. Vale la pena "Tener puestos los ojos en Jesús, el autor y consumador de la fe" En los momentos difíciles, Él no le dejará. Hoy día la Iglesia Roca Fuerte está llena de vida y ver el templo construido por la gracia y la misericordia de Dios, produce gozo y un impacto positivo en otras personas.

Hay muchos líderes que se hacen la pregunta equivocada: **¿Tenemos los recursos para hacerlo?** Esa no es la pregunta correcta, **la pregunta correcta es saber si estamos haciendo la voluntad de Dios.**

Si lo que estamos haciendo es la voluntad de Dios, Dios va a proveer, lo ha hecho en Roca Fuerte. Pago de terreno, construcción del templo, pago de impuestos, plantar la iglesia, yo lo aprendí. Si es algo que Dios quiere que haga... Dios suplirá. Aprendí a dejar en las manos de Dios y confiar que Él supliría todas las necesidades conforme a sus riquezas en gloria (Filipenses 4:19) Creo que estaba haciendo Su voluntad; Dios provee los dineros para sus programas, lo que Él hizo desde que formé parte de su programa. No era algo que yo escogí hacer, sino que fue guiado por Dios. Aprendí que cuando yo hago lo que Él quiere que haga, entonces Él provee los recursos. Dios me enseñó que puede suplir todas nuestras necesidades, aunque no tengamos dinero. No necesitamos dinero – solo un gran Dios.

Amigo, querida amiga ¡si Dios cuida de las aves y de los lirios del campo, Él cuidará aún más de ti! (Mateo 6:25-34)

Querido Amigo, querida amiga, andamos por fe; así que, comience a andar, y en el camino Dios proveerá. Hebreos 11:8 dice, "Por la fe Abraham, siendo llamado, obedeció para salir al lugar que había de recibir como herencia; y salió sin saber a dónde iba". Andamos por fe y confiando en Él Señor para suplir todas las necesidades.

Cuando Dios retrasa algo, Dios sabe el por qué. De las cuatro lecciones que aprendí, está ha sido la más difícil. ¿Cuántos de ustedes están en la sala de espera de Dios?

Esperando un milagro, esperando una respuesta a la oración, esperando una bendición, esperando una reconciliación, esperando una provisión, Yo sé lo que es estar en la sala de espera de Dios, algunos de ustedes seguramente están allí.

Así que quiero animarlos con esta declaración: Cuando algo se retrasa Dios sabe, usted tiene que aprender a esperar en la suficiencia de Dios, algunas veces Dios decide ir más despacio, pero jamás llega tarde. Así lo dice Habacuc *"Aunque la visión tardará aún por un tiempo, más se apresura hacia el fin, y no mentirá; aunque tardare, espéralo, porque sin duda vendrá, no tardará"* **(Habacuc 2:3)**

El tiempo de Dios siempre es perfecto, es el momento preciso, sólo tiene que esperar, tiene que desarrollarse en las esperas, no es sentarse en una silla, Dios nos invita a la intimidad con él en oración, cuando nos hace esperar.

Yo aprendí a esperar en oración el momento de Dios, Dios puede darte una cantidad lo suficientemente grande para que resuelva todos sus problemas, pero a menudo decide no hacerlo. Porque en la provisión constante de cada día nos permite tener comunión con él. Así que cuando Dios retrase algo, El Sabe mejor porqué.

Lo que va a planear en la vida necesita tener la bendición de Dios, Si pudiéramos hacer una lista de todos los siervos de Dios en la Biblia que tuvieron que aprender esta lección. Martha y María, hermanas de Lázaro, *"Marta le dijo a Jesús: Señor, si hubieras estado aquí, mi hermano no habría muerto"* (Juan 11:21) O sea: Llegaste tarde, *"Jesús les dijo: "Tu hermano resucitará"* (Juan 11:23) o Sea: No llegué tarde; lo mejor está por suceder. Los que hemos estudiado el Evangelio de Juan sabemos que está construido sobre siete milagros, el primer milagro fue La conversión del agua en vino, ¡no se saboreen! luego vinieron otros seis milagros, pero el milagro central es el de la resurrección de Lázaro. Juan 11, aunque dijeron que Cristo había llegado tarde.

La resurrección de Lázaro marcaría su ministerio, Martha y María aprendieron: El tiempo de Dios siempre es perfecto, es el momento preciso. Otro que aprendió esta lección fue Pedro: *"Luego puso agua en un lebrillo, y comenzó a lavar los pies de los discípulos, y a enjugarlos con la toalla con que estaba ceñido. Entonces vino a Simón*

Pedro; y Pedro le dijo: Señor, ¿tú me lavas los pies? Respondiendo Jesús y le dijo: Lo que yo hago, tú no lo comprendes ahora; más lo entenderás después." **(Juan 13:5-7)** esta es una Palabra de Dios para usted hoy, quizá hoy no está entendiendo más tarde lo entenderá.

Tiene 2 opciones:
1).- desesperarse, llorar, lamentase, perder la fe, desanimarse, etc.
2).- O esperar en el Señor. Así que, si tiene algún proyecto, petición, espere. Crezca en la fe, en la espera desarrolle sus talentos y habilidades.

Segunda lección que aprendí: A tener una firme determinación y a ser persistente, la determinación es la que nos permite ver, con la ayuda de Dios, el fruto de nuestra labor. Siempre habrá muros que nos van a parecer difíciles de superar. Cuando encontramos obstáculos, a veces los queremos esquivar porque son demasiado difíciles de superar. La vida es dura, el trabajo es duro, y también lo puede ser el ministerio. Los Líderes que están determinados y son persistentes salen adelante. La próxima vez que se tropiece con una pared de concreto, no se concentre en la pared, sino en el marro con el que puede echarla abajo. Ese marro puede ser cualquier herramienta que Dios le entregue para que abra el agujero en los muros que tiene por delante. A veces tienes que seguir dando golpes, pero al final se abre paso, la vida es dura, el trabajo también lo es, y también lo puede ser el ministerio. Pero lo líderes perseverantes salen adelanta con la ayuda de Dios. Una firme decisión de perseverar es lo que nos permite ve el fruto de nuestro esfuerzo y ministerio. Yo aprendí a no darme por vencido con las personas, aun si estas ya se han dado por vencidas.

Tercera Lección que aprendí: Dios está más interesado en desarrollar a las personas que en darles lo que quieren. El proceso es lo que le interesa a Dios, no solo los resultados finales. El proceso es una prueba de resistencia, de fidelidad y corazón. Dios está más interesado en desarrollar a las personas que en darles lo que quieren. *Lo que Dios empieza, siempre lo termina, Dios no patrocina fracasos, Dios concluye procesos.* Dice Filipenses 1:6 "Estando persuadido de esto, que el que comenzó en vosotros la buena obra, la perfeccionara hasta el día de Jesucristo" Todo lo que El Señor comienza lo termina, no deja a medias nada, no renuncia, no se divorcia, no deserta, no se hace para atrás, no se le olvida, etc., Dios cumple su promesa.

Sí El ha dicho que hace algo, lo cumple, ¡qué maravilla! Dios está listo para terminar el proceso. Muchas veces les dije vamos a salir de esto, y creo que salimos más fuertes de lo que eremos antes, más fuertes emocionalmente, más fuertes en la fe, más fuertes en la oración.

Cuarta lección que aprendí: Aprendí que existe un lugar donde pocos van, es un lugar donde todos pueden vivir, pero pocos logran llegar, ese lugar se llama la segunda milla—es un lugar donde salimos de lo común y corriente hacia algo extraordinario.
Las grandes iglesias y los grandes templos se construyen en la segunda milla. En Josué 3:14-17 dice: "Y aconteció cuando partió el pueblo de sus tiendas para pasar el Jordán, con los sacerdotes delante del pueblo llevando el arca del pacto, cuando los que llevaban el arca entraron en el Jordán, y los pies de los sacerdotes que llevaban el arca fueron mojados a la orilla del agua, las aguas que venían de arriba se detuvieron como en un montón bien lejos de la ciudad de Adam, que está al lado de Saretán, y las que descendían al mar del Arabá, el Mar Salado, se acabaron, y fueron divididas; y el pueblo pasó en dirección de Jericó, más los sacerdotes que llevaban el arca del pacto de Jehová, estuvieron en seco, firmes en medio del Jordán, hasta que todo el pueblo hubo acabado de pasar el Jordán; y todo Israel pasó en seco." La obediencia, y la fe de Josué, la de los sacerdotes y la del pueblo de Israel fue indispensable para ver el milagro de las aguas del río Jordán divididas y el pueblo pasó en seco.

Aprendí que podemos ser una iglesia de fe próspera, creciente, profunda, equilibrada, comprometida con la gran comisión, evangelismo, plantación de iglesias, con un gran ministerio educativo.

¿Quiere ser parte de una aventura así?

Yo aprendí: Si es algo que Dios quiere que haga, El provee. **"Mi Dios, suplirá todo lo que os falte conforme a sus riquezas en gloria en Cristo Jesús."** (Filipenses 4:19)

CONCLUSIÓN

"Mejor es confiar en Jehová que confiar en el hombre". Salmo 118:9

Si pudiera definir lo que es la Iglesia ROCA FUERTE de Cancún hoy, puedo hacerlo de forma acertada, al pensar en cada detalle, sacrificio, desvelo, viajes de muchas horas. Gracias a este principio: *"Mejor es confiar en Jehová que confiar en el hombre".* Esto nos llevó a un trabajo infatigable, para conocer y creer lo que Dios dice en Su Palaba. Porque solo conociendo Sus promesas y creer que se cumplen al pie de la letra porque El es fiel y veraz; es todo poderoso y es amor, y Su voluntad no hay quien la pueda estorbar. Es por este estilo de vida, que la Iglesia Roca Fuerte ha construido su imagen de éxito y dinamismo.

El Señor nos dio una visión y misión bien claras, Asimismo el conjunto de talentos, armonía, trabajo en equipo, relaciones sanas, y conjugación de esfuerzos y recursos.

La evaluación final después de 13 años, solamente nos muestra una cosa de forma concluyente. Gracias a que aprendimos que es *"mejor confiar en Jehová que confiar en el hombre".* Roca Fuerte nunca recibió fondos para construcción, ministerios, pago de terreno o de impuestos, etc., pero siempre realizó eventos, atendió sus proyectos, porque siempre supo que es *"mejor confiar en Jehová que confiar en el hombre"* ha contado con el mejor recurso, que la hace poseedora de una enorme riqueza. ¡Las promesas de Dios!

"M*ejor confiar en Jehová que confiar en el hombre"* Es el secreto para una vida y ministerio sin sorpresas, sin desilusiones, sin traiciones, sin falsas expectativas. Es el secreto para un Ministerio que dará fruto para la gloria de Dios. Cuando aprendemos a vivir en absoluta dependencia y confianza en Dios.

Eso es la iglesia Roca Fuerte de Cancún, gente que sabe que es *"mejor confiar en Jehová que confiar en el hombre".* Y gracias a la influencia, acompañamiento y consejo del Espíritu Santo, nuestro parákletos.

Dios ha estado de nuestro lado, y aunque los recursos económicos, siempre han sido una abundante carencia, con Dios se ha superado todo obstáculo.

¡A Dios sea la gloria por los trece años de trabajo arduo y convicción de una Iglesia que aprendió que es *"mejor confiar en Jehová que confiar en el hombre"* así la iglesia Roca Fuerte ha venido del propio corazón de Dios!

COMO CONOCER LA VOLUNTAD DE DIOS

En mi caso, busque la voluntad de Dios sobre si debíamos o no iniciar una nueva iglesia, si debíamos o no construir un nuevo templo. ¿Cómo puede una persona o un grupo de personas conocer la voluntad de Dios?

1.- Muchas veces la voluntad de Dios ya está revelada en las Sagradas Escrituras. La Biblia nos enseña que la voluntad de Dios es: "Amarás al Señor tu Dios con todo tu corazón, y con toda tu alma, y con toda tu mente" (San Mateo 22:37) la voluntad de Dios es "que nadie perezca, sino que todos vengan al conocimiento de la verdad" la voluntad de Dios es que nos amemos los unos a los otros. Hay áreas que la voluntad de Dios es evidente en las Sagradas Escrituras. Pero el establecer una iglesia y construir un templo en un área específica no está mencionado en las Escrituras. ¿Cómo saber entonces la voluntad de Dios?

2.- Dios puede hablarnos por medio de la oración y por el Espíritu Santo. Él puede hablar directamente a nuestra conciencia, a nuestro interior; puede hablar directamente a nuestro espíritu. El Espíritu Santo vive en nosotros. La Biblia dice que tenemos la mente de Cristo, por tanto, Dios puede darnos una palabra específica sobre algo que debemos o no hacer de acuerdo a Su voluntad. Dios habló a Pablo en Hecho 16:9 "Y se le mostró a Pablo una visión de noche: un varón macedonio estaba en pie, rogándole y diciendo: Pasa a Macedonia y ayúdanos", El Señor comenzó a hablarnos respecto a la construcción del templo y al establecimiento de la iglesia. Al principio era sólo una sensación, un pensamiento que pasaba por mi mente. No quiero usar la palabra "emoción" porque no somos guiados por las emociones. Estoy hablando de la mente, la mente renovada (Romanos 12:2) Hasta aquí era solo una consideración. ¿De que otra manera nos habla Dios hoy?

3.- Dios también usa circunstancias en nuestra vida. Dios usa las cosas que suceden alrededor nuestro, provisión de recursos (1ra. Crónicas 11:5-16), falta de recursos (1ra. Reyes 17:7-9), situaciones, puertas abiertas o cerrada, para confirmar su dirección en nuestras vidas.

4.- Otra manera en que Dios nos da su dirección es por medio de la iglesia y una multitud de consejeros. La Palabra de Dios dice en Proverbios 11:14; "En la multitud de consejeros hay seguridad". Acudir a personas santas y preguntarle lo que piensan; no hablo de un árbitro consejero profesional pagado; hablo de alguien a quien Dios le haya puesto en contacto, que se ha cruzado en su camino, alguien que le ama y le dirá la verdad y no tratará de adularte. "El hierro se afila con el hierro, y el hombre en el trato con el hombre" (proverbios 27:17 NVI). Alguien que crea que está en comunión con Dios, ofreciendo consejo piadoso, no sólo su propia opinión, sino basado en convicciones firmes, alguien en cuyas convicciones confía.

Que anda en el Espíritu y no en la carne. No hay que ser orgulloso pensando que nunca necesitará a otros cristianos. (1ra. Corintios 12:21) "Ni el ojo puede decir a la mano: No te necesito, ni tampoco la cabeza a los pies: no tengo necesidad de vosotros".

Cuando Pablo está orando si ir a Asia o no y recibe la visión del macedonio por la noche, "procuramos partir para Macedonia, dando por cierto que Dios lo llamaba" Estaban las circunstancias obvias externas que Pablo tuvo. El varón se le apareció en visión y le pidió ayuda. Ya se le habían cerrado las puertas para ir a otro lado. Estamos hablando de puertas abiertas y cerradas, circunstancias y no quiere decir que siempre que Dios cierra una puerta no es Su voluntad. Pablo se dio cuenta que no debía ir en una dirección sino en la otra dirección de acuerdo con las circunstancias.

Una puerta abierta no necesariamente garantiza que es la voluntad de Dios. Satanás abre muchas puertas. La tentación es una puerta abierta para pecar. En el libro de Santiago 3:17 encontramos ilustraciones de cómo conocer la voluntad de Dios. Dice que la voluntad de Dios es "primeramente pura". Dios nunca le llevará a hacer algo contra lo que dicen las Escrituras.

Sigue diciendo que es "pacifica", lo que significa que Dios nos dará paz sobre el asunto. La tercera es "amable", lo que significa considerado; por ejemplo, cómo afectará mi decisión a mi esposa y a mis hijos. No una táctica de presión. Paciente. La siguiente es "benigna", o sumisa. El yugo de Cristo es y será fácil. La quinta es "llena de misericordia", compasión para alguien con necesidad. Indulgente. La sexta es "de buenos frutos", ¿qué clase de fruta da esta decisión? Productivo: sin prejuicio – imparcial. La sétima es "Sin incertidumbre", sin dudas, sin vacilar. La octava "Sin hipocresía" – Cuando me veo en el espejo, ¿puedo vivir con esa decisión? Sincero.

Creo lo Imposible "Si tuviereis fe como un grano de mostaza, diréis a este monte; pásate de aquí allá, y se pasara; y nada os será imposible." (Mateo 17:20b)

Introducción:

Iniciamos el proyecto de establecer la Iglesia y Construir el Templo Roca Fuerte, con lo que llamamos: Proyecto Imagina, Cristo dice: que si nuestra fe fuera del tamaña del grano de semilla de mostaza, entonces ¿cómo es la fe de alguno de nosotros' que ni siquiera tenemos fe del tamaño de la semilla de mostaza. (Mateo 17:20b)

He aprendido que cuando somos personas de fe, que confiamos en lo que Dios ha dicho en Su Palabra, no hay límites que nos detengan.

Empezamos reuniéndonos en un salón de un hotel en la avenida Bonampak, después en el centro cerca del parque las palapas, Después se compró una carpa que sirvió como santuario, vino el huracán wuilma y destruyo todo, quedamos sin nada, pero teníamos fe como un grano de mostaza.

Iniciamos el proyecto construye, pusimos la primera piedra, un cinco de febrero del año 2006. Todos estaban muy entusiasmados, ¿cuándo dinero teníamos? Nada. Pero teníamos fe como un grano de mostaza, y sabíamos que Dios iba a suplir todo lo necesario, así fue.

Todo comenzó así, como un grano de mostaza, un grupo de hermanos y hermanas en Cristo Jesús buscamos el terreno, se habló con FONATUR, se negoció pagarlo a plazos a cinco años, se firmaron las letras, ¿cuánto dinero teníamos? nada, pero teníamos fe como un grano de mostaza. yo honro la fe de estos hombre y mujeres, les felicito en el nombre del Señor, ¿saben por qué? Porque ellos fueron la generación que le creyó a Dios, no teníamos los recursos, no teníamos dinero, pero teníamos la fe como un grano de mostaza.

Además, el lugar era inhóspito, lodo, moscos, selva, no había calles, menos estacionamiento, el calor impresionante en la carpa ellos creyeron en el Señor, era complicadísimo, así que honro su fe, los felicito, los bendigo en Él nombre del Señor. Fue con lo que contamos, la fe como un grano de mostaza, ¿y con que contamos hoy? Con lo mismo. Fe como un grano de mostaza.

No debemos a nadie, Asido y es por la gracia de Dios, por la expresión de una sencilla semilla de fe, Dios ha estado cumpliendo su propósito.

¿qué necesitamos hoy? Más estacionamiento, más salones para ministerios de la iglesia, capilla para los niños, oficina pastoral, etc. los animo a seguir sembrando, ¿con qué contamos? Lo mismo: no tenemos dinero, pero seguimos teniendo la fe como de un grano de mostaza,

Él Señor lo va hacer, siga sembrando, siga creyendo en él Señor, ¿por qué en este tiempo? quiero mencionar a un hombre llamado el padre de la fe, del cual podemos aprender algunas valiosas lecciones, si queremos seguir siendo la iglesia que le creyó y sigue creyendo a Dios.

Veamos como seguir creyendo mientras esperamos en Dios. Porque todavía hay trabajo que hacer. La vida de Abram es una vida ejemplar, para esto, vamos a ver cinco cosas que tenemos que hacer mientras seguimos creyendo, esperando en el tiempo de Dios.

Número Uno: Debo entender las 6 etapas de la fe. Estas son etapas que se repiten, si es usted un emprendedor, veamos cómo funcionaron estas etapas en la vida de Abram y es sorprendente como funcionaron en la Iglesia Roca Fuerte.

Etapa No. Uno: todo comienza con un sueño, visión, nada sucede hasta que alguien comienza a soñar, después de dos años que Él Señor nos mostró su propósito, soñamos por este templo, Iglesia, Ministerio por Redes sociales, Internet, cuando hablaba del sueño, algunos me decían en lugar de proyecto imagina parece proyecto alucina.

Todo comienza con un sueño. Dios le dijo a Abram: *"haré de ti una nación grande"* (Génesis 12:2) Implicaciones: ¿cuántos hijos tenía? Eran Infértiles y Con 75 años de edad. No hay Edad para recibir sueños que vengan de parte de Dios, *"y te bendeciré, y engrandeceré tu nombre, y serás bendición. Bendeciré a los que te bendijeren..."* (Genesis 12:2-3)

2da. Etapa: Decisión: muchos sueños se quedan en la nada porque no tomaron la decisión de iniciarlo, dice que *"se fue Abram, como Jehová le dijo."* (Génesis 12:4) ningún sueño se va a cristalizar mientras esté orando, pensando, considerando, planeando, hasta que haga algo.

Cuando comenzamos Roca Fuerte no teníamos el dinero, si hubiéramos esperado a tener el dinero no tendríamos lo que hoy tenemos, si no decide va a quedar al margen de la bendición, una decisión es cuando decide actuar en con secuencia al sueño.

3er. Etapa: Demora: es importante que entienda esto, si se va a casar, si va a estudiar, si va a comprar una casa, un carro, etc., entre el sueño y la realización siempre hay una demora, ¿sabe cuánto puede tardar esa demora? Tan grande como sea el sueño, un sueño nunca es el resultado de un día para otro. ¿Por qué? Porque Dios quiere que crezca en ese tiempo, si tiene un sueño prepárese intencionalmente, en ese tiempo uno tiende a dudar, a reenfocarse, a llenarse de desesperanza, o a tomar desviaciones o alternativas como la que tomo Abram por iniciativa a Saraí. Dice Genesis 16:1-2 *Saraí mujer de Abram no le daba hijos; dijo a Abram; ya ves que Jehová me ha hecho estéril; te ruego, pues que te llegues a mi sierva; quizá tendré hijos de ella. Y atendió Abram al ruego de Saraí."*

4to. Etapa: Dificultad. Abram tenía 100 años, las cosas van de mal en peor *¿A hombre de cien años ha de nacer hijo? ¿y Sara, ya de noventa años, ha de concebir?* (Génesis 17:17) y lo peor Dios le cambió en ese tiempo el nombre a Abram, Sara se entera que está embarazada, se río, haber señoras, de 70 años, ¿cómo racionaría? y tienen el niño milagro.

Etapa 5: Camino sin salida. Ya tienen el hijo de la promesa, ya tienen el niño milagro, todo va viento en popa y Dios dice cambio de planes devuélveme al niño. No cuadra para nada, no tiene sentido, no hace gracia, ¿qué estaba haciendo Dios con Abraham?

¿qué le iba a decir a Sara, a la gente que le rodeaba, no tiene sentido. Cuando se siente muy dueño del proyecto o del sueño dice Dios no es tuyo, no es tu negocio, no es tu familia, no es tu ministerio, es mío dice Dios, parece un camino sin salida, eso es lo que Dios hace.

¿por qué? Porque es más útil en las manos de Dios, que, en las suyas, Dios puede usar este sueño cuando renuncia a él, ¿Qué hizo Abraham? Renunció al niño y dijo es tuyo, te pertenece por completo, ¿cómo termina la historia, la recuerda? Dice Génesis. 21:1-6 y 22:1-12 *"...probó Dios a Abraham, y le dijo: Abraham, él respondió; Heme aquí. Y dijo Dios: Toma ahora tu hijo, tu único, Isaac, a quien amas, y vete a tierra de Moriah, y ofrécelo allí en holocausto..."* Cuando está en esta etapa duda, está fuera de control como lo estuvo Abraham.

Etapa 6: Liberación: dice Génesis 22:12-14 *dijo Dios no extiendas tu mano sobre el muchacho, ni le hagas nada porque ya conozco que temes a Dios, por cuanto no me rehusaste tu hijo..."* las 5 etapas estaban preparando a Abraham para la etapa más grande, que es la etapa de la liberación que es la etapa cuando Dios dice: va con todo, es lo que hemos vivido en Roca Fuerte, hemos tenido muchas complicaciones, falta de dinero, complicaciones en la obtención de permisos, falta de recursos humanos, etc.

Etapas de la fe: Sueño, Decisión, Retraso, Dificultad, Liberación, ¿saben qué? Dios lo hace una y otra vez, es un proceso, Así que confiemos, Dios nos va a dar la liberación.

2da. Cosa que quiero que aprendan: <u>lo que Dios puede hacer.</u> No lo que ud., y yo podemos hacer, **sino lo que Dios puede hacer en su poder y gracia**, no estamos limitados por nuestros recursos, estamos basándonos en los recursos maravillosos de Dios. *"... Dios llama las cosas que no son como si fuesen"* (Romanos 4:17b)

¿puede hacer esto Dios todavía? Dar vida a los muertos, ¿relaciones muertas, matrimonio muerto, negocio muerto, etc.? claro que lo puede hacer Dios. Esto fue lo que creyó Abraham, por eso Dios lo bendijo, por eso es llamado el padre de la fe, ¿cuántos milagros hizo Abraham? Ninguno, pero es llamado el padre de la fe porque obedeció a Dios. Y eso le capacita a usted y a mí para ser persona de fe. No precisamente hacer algo raro o extraordinario.

Dios le da vida a algo que estuvo muerto o puede sacar algo de la nada. Eso es lo que Dios puede hacer y lo sigue haciendo, y está buscando personas como usted y como yo, que crean eso. Queremos ser una iglesia llena de fe y confianza en Su Palabra.

3. Debo recordar que cuento con lo que Dios prometió. Cuando tenemos un sueño, un proyecto, no cuente sus recursos, cuente con las promesas de Dios, *Abraham "creyó en esperanza contra esperanza, para llegar a ser padre de mucha gente, conforme a lo que se le había dicho; Así será tu descendencia."* (Romanos 4:18) ¿qué hizo Abraham? Siguió creyendo, ¿Qué tiene que hacer usted? Seguir creyendo, no aborte el sueño, no deserte, no tire la toalla.

¿Cuál es la evidencia de que una persona comienza a perder la fe? Cuando empieza a usar la palabra nunca en sus conversaciones, ¿Cómo sigue creyendo cuando se ve tentado a dudar? Vea lo que Dios dice en Su Palabra. Y si Dios lo dice yo lo creo, El dijo: *"Edificare mi iglesia"* oiga, pero las complicaciones y los milenios, etc., *"Edificaré mi Iglesia"* yo creo en eso, independientemente de lo que la gente diga o piense.
Con las promesas de Dios usted puede esperar con fe, en lugar de desistir, Abraham, lo que más amo, su hijo, te lo doy, y fue padre de muchos como Dios se lo prometió.

4.- Debe reconocer los hechos con fe. Dice Romanos 4:19-20 *"Abraham no se debilitó en la fe al considerar su cuerpo, que estaba ya como muerto, ... o la esterilidad de la* *matriz de Sara. Tampoco dudó de la promesa de Dios, sino que se fortaleció en fe, dando gloria a Dios.* reconoció su realidad, fe es reconocer los hechos como son, etc., "pero yo sé en quien he creído", Fe es enfrentar la realidad, sin que se desanime por ello, eso fue exactamente lo que hizo Abraham.

Abraham tuvo la capacidad de ver más allá de los hechos crudos de su vida, la fe no ignora la realidad, no usa programación neurolingüística, que es lo que muchos cristianos están haciendo hoy. Enfrente los hechos de su vida sin que se desanime, eso es fe verdadera, todo está de la patada, pero descansa en el amor y en la sabiduría de Dios, eso es fe, eso fue lo que hizo Abraham.

5.- Debo alegrarme con anticipación: dice Romanos 4:21 *"plenamente convencido de que era poderoso para hacer todo lo que había prometido"* se da gloria a Dios con la cuenta en ceros, cuando no tiene el recurso, etc. eso es fe. Eso es tener el coraje de depositar nuestra vida en Él Señor, Dios no nos ha prometido ser eximidos del dolor, del sufrimiento, de las dificultades, de los callejones sin salidas, etc., nos ha prometido valor, fuerza, poder, fe, energía, todo lo que necesita para enfrentar las grandes demandas de la vida, bien lo dice Jesucristo *"Lo que es imposible para los hombres, es posible para Dios."* (Lucas 18:27)

Sigamos creyendo en el Dios que hace proezas, ¿Amén?

IFORMACIÓN PARA COMUNICARSE CON EL MINISTERIO ROCA FUERTE DE CANCÚN.

El pastor Mancilla ha sido fundador de Iglesias, lleva 54 años de experiencia en el ministerio. Comprende los retos a los que se enfrentan los líderes y pastores en cuanto a reclutar y desarrollar ministerios. Su experiencia en la dirección de ministerios y del liderazgo pueden ayudar a su iglesia o ministerio a crecer. Si desea un taller o seminario para su Iglesia, tenga la bondad de enviar un correo electrónico a pastormancilla@hotmail.com

Printed by Books on Demand GmbH, Norderstedt / Germany